Michèle Liussi
Katharina Spangler

Die Klügere gibt ab

humboldt

INHALT

Du brauchst Stift und Papier

Elternzitate

Visualisierungsübung ‚Dein Dorf'

Formulierungshilfen

VORWORT

Im Frühjahr 2021 hatten wir großes Glück. Die wunderbare Inke Hummel machte uns miteinander bekannt, weil sie wusste, dass wir beide für das gleiche Thema brennen: überlasteten, erschöpften und auch psychisch kranken Müttern zu zeigen, dass sie nicht allein sind, und ihnen aus ihrer Not zu helfen. Michèle, weil sie beruflich als Psychologin bei den frühen Hilfen in Tirol Mütter und Familien begleitet, die im ersten Babyjahr Unterstützung brauchen. Katharina, weil sie selbst eine dieser Mütter war, nach der Geburt ihres zweiten Kindes eine Wochenbettdepression entwickelte und sich Hilfe suchte. Unabhängig voneinander hatten wir schon lange mit dem Gedanken gespielt, ein Buch dazu zu schreiben. Durch Inkes Initiative und den humboldt Verlag, der an unsere Idee glaubt, ist es nun Wirklichkeit geworden.

Wir beide wissen, wie anstrengend das Leben als Mama sein kann und wie wichtig es ist, dass alle die Hilfe bekommen, die sie in dieser Phase ihres Lebens benötigen. Wir wollen außerdem unseren Teil dazu beitragen, dass es in Ordnung sein wird, zu sagen: „Ich bin erschöpft, ich brauche Hilfe!“ Im besten Fall kommt es durch diese Enttabuisierung überhaupt nicht mehr so weit.

Ob du dieses Buch also vorsorglich liest oder weil es bei dir schon sehr akut ist – du wirst hier in jedem Fall Informationen, Ideen und Tipps finden, um deinen Bedürfnissen wieder Raum zu geben, für dich zu sorgen, Hilfe zu bekommen und zu einem glücklicheren Familienleben zu finden. In deinem Sinne und in dem deines Kindes oder deiner Kinder.

Deshalb widmen wir dieses Buch unseren Söhnen Adam, Alexander und Paul – in der Hoffnung und dem festen Glauben, dass sie in einer Welt aufwachsen, in der immer mehr Menschen dafür sensibel sind, dass die Bedürfnisse und die (mentale) Gesundheit aller Familienmitglieder zählen und erfüllt werden sollten.

Michèle & Katharina
September 2021

HINWEISE

Die klassische Kleinfamilie ist das vorherrschende Familienmodell im deutschsprachigen Raum – aber andere werden immer häufiger. Wenn wir im Folgenden von deinem Partner sprechen, dann ist also nicht nur die typische Frau-Mann-Kind-Beziehung gemeint, sondern alle denkbaren Konstellationen: gleichgeschlechtliche Partnerschaften, polyamore Beziehungen, Co-Parenting, Patchwork-Familien und so weiter. Ihnen gemeinsam ist, dass es (mindestens) einen Menschen an deiner Seite gibt, den du liebst und/oder wertschätzt (und umgekehrt) und der im Idealfall das Elternsein mit dir gemeinsam rocken will. Bist du alleinerziehend, helfen dir die meisten der Tipps ebenso weiter. In einem eigenen Kapitel gehen wir aber zusätzlich auf die Besonderheiten Alleinerziehender ein.

Ebenso ist es uns wichtig, darauf hinzuweisen, dass dieses Buch bei Vorliegen einer ernst zu nehmenden psychischen Erkrankung professionelle Hilfe nicht ersetzen kann und will. Da Medizin, Psychologie und Psychotherapie steter Forschung und somit stetem Wandel unterliegen, können die Empfehlungen nur dem aktuellen Stand bei Drucklegung entsprechen. Wir bitten alle Beteiligten, inklusive der Berufsgruppen rund um Schwangerschaft, Geburt und Elternschaft, um größtmögliche Sorgfalt bei der Auswahl eventueller Behandlungsansätze.

VORWORT VON INKE HUMMEL

Mutterwerden ist ein großer Umbruch im Leben, vielleicht sogar der größte. Du kannst vorher nicht wissen, was das für dich bedeutet. Denn viele Veränderungen sind nicht vorhersagbar. Du freust dich darauf, hast Pläne, aber vor allem Wünsche und allerlei Gefühle. Und vieles daran ist wundervoll und wird fantastisch werden. Aber etliches kommt ganz anders als du denkst. Und: Etliches kommt, an das du *gar nicht* denkst.

Zum Glück sind wir heute an einem Punkt, wo diese Bereiche thematisiert werden: Mutterschaft ist nicht nur rosarot und erfüllend. Sie braucht Ressourcen. Sie fordert uns heraus und ist oftmals ein emotionaler Drahtseilakt. Aus einem Paar wird eine Familie, Arbeit und Gesellschaft drücken und ziehen. Gesundheit kann ein Thema werden. Es ist wichtig, das zu wissen und anzusprechen. Und es ist wichtig, dir Hilfe zu holen, wenn du spürst, da ist irgendwas alles andere als im Gleichgewicht.

Auch das Hilfeholen ist heutzutage weniger negativ besetzt als noch vor wenigen Jahrzehnten. Steckst du dennoch fest in dem Glauben, du müsstest alles allein schaffen? Dieses Buch nimmt dich an die Hand, damit du erst einmal lernst, Hilfe annehmen zu können. Es gibt zahlreiche Möglichkeiten, Unterstützung zu bekommen – wie gut!

Doch es bleibt ein Problem: Welche Unterstützung gibt es und welche brauche ich eigentlich? Ist die Hilfe die richtige? Passt sie zu mir? Ist sie gut? Es gibt so viele selbst ernannte Berater und Beraterinnen, die dir verbohrt ihren einen Weg aufdrücken wollen, und dieser Weg ist unter Umständen weder wissenschaftlich fundiert noch alltagspraktisch erprobt. „Die Klügere gibt ab!" von Michèle Liussi und Katharina Spangler ist anders und fängt dich dort auf, wo du es brauchst.

Beide Autorinnen kennen das Thema, die Probleme, die Gefühle, den Alltag, die Hürden, die Hilfen und die Mütter. Katharina hat selbst die Erfahrung gemacht, wie viel Verzweiflung unter Umständen mit Mutterschaft einhergeht. Sie durfte aber auch daran wachsen. Und sie macht sich inzwischen dafür stark, dass wir noch mehr hinsehen, und dass Elternwerden nicht nur bedeutet zu verstehen, welche Bedürfnisse ein Kind hat. Sondern auch, welche Herausforderungen gerade die Mütter meistern müssen – und manche mehr als andere. Michèle begleitet tagtäglich mit fundiertem psychologischen Wissen Frauen, die ihre Mutterschaft unerwartet fordert, und zwar nicht nur im alltäglichen Handling, sondern vor allem im seelischen Erleben. Das kann bis hin zu postpartaler Depression führen, die gesehen und begleitet oder der am besten vorgebeugt werden muss.

Mithilfe dieses Buches kannst du erspüren, wo genau bei dir der Schuh drückt, wo du Hilfe brauchst. So kannst du viele Herausforderungen bewältigen und landest wahrscheinlich gar nicht erst an dem Punkt, an dem du nicht mehr weiterweißt. Katharina und Michèle kennen nicht nur alltagstaugliche Hilfsmöglichkeiten und tatsächliches Stressmanagement. Sie wissen auch, was Bindung, Bedürfnisse und Beziehung brauchen, sodass du dich nicht sorgen musst, dass dein Kind auf der Strecke bleibt, wenn du gut nach dir schaust.

„Bau dir ein Dorf!“ ist nicht einfach nur ein netter Satz, sondern die grundlegende Wahrheit. Unsere Kinder können am gesündesten in einem guten Beziehungsnetz aufwachsen. Je stärker du aufgefangen, gehalten und gestützt wirst, desto besser kannst auch du deinem Kind, deiner Familie Halt und Stütze sein. Den Weg als Mama musst du nicht allein gehen. Es ist ein gesellschaftliches Unding, dass Mütter noch immer in solche Krisen kommen. Reiche die Verantwortung dafür an dein „Dorf“ weiter.

Die Klügere gibt ab!

Inke Hummel, Autorin, Pädagogin und Familienbegleiterin
Juni 2021

„ICH KANN NICHT MEHR" – MUTTERSCHAFT ALS HERAUSFORDERUNG

Mutterschaft ist schön, aber auch verdammt anstrengend. Mit diesem Gefühl bist du nicht allein. Zur Fremdbestimmung, die gemeinsam mit dem ersten Kind einzieht, kommen heutzutage unrealistische Erwartungen, unzureichende gesellschaftliche Rahmenbedingungen und ein Mutter-Ideal, dem niemand gerecht werden kann. Wenn du das unterschreiben kannst, wenn du dich erschöpft, müde und auch einsam fühlst, dann sprich darüber und hol dir Hilfe!

„Ich lag auf dem Boden. Weinend. Erschöpft. Mein knapp Zweijähriger turnte auf mir herum. Heute Abend hatte ich den ersten Abend seit Monaten „frei". Aber am Nachmittag ging plötzlich nichts mehr. Ich war so müde, so traurig. Mein Mann verstand die Welt nicht mehr: Wo kam das plötzlich her? Gerade heute, an dem Tag, an dem ich endlich mal entspannen durfte. Ich glaube, es war genau das. Ich wusste, ich darf für einen Abend loslassen – und Körper und Seele haben dann einfach ein paar Stunden früher den Dienst quittiert. Die Vorstellung, noch diese fünf Stunden durchhalten zu müssen, hatte mir den Rest gegeben. Mein Mann hat übernommen. Am Abend war ich dann auf einem Konzert, tanzte mir die Seele aus dem Leib und schaffte es, für einige Stunden abzuschalten. Aber ich wusste auch: Da läuft etwas grundlegend schief".

Leonie, Mutter eines Sohnes (2)

Kennst du solche Situationen? In denen du einfach nicht mehr kannst? Dir alles zu viel ist? Womöglich, ohne dass dir und deinem Umfeld klar ist, warum gerade jetzt?

Vielleicht weißt du aber auch sehr gut, warum deine Kraft nicht mehr ausreicht. Die Geburt eines Kindes ist ein großer, für viele wahrscheinlich sogar der größte Umbruch im Leben. Alles dreht sich nun um diesen kleinen Knirps und für dich bleibt wenig bis keine Zeit mehr übrig. Du musst dich von heute auf morgen an ein völlig neues Leben anpassen. Dir fehlt Schlaf, Zeit für dich, Raum. Und das geht auch in den nächsten Jahren so weiter. Die Kinder brauchen schon wieder neue Schuhe, und zwar drei Paar, und die Hosen sind zu kurz. Für das Kindergartenfest sollst du einen Kuchen backen und deinem großen Kind bei seinem Referat für die Schule helfen. Die Wäsche türmt sich, der Garten ist ein Dschungel, deine beste Freundin hast du zuletzt vor Monaten gesehen und war da nicht noch ein Arzttermin fürs Kind? Und wenn wir schon dabei sind, wann warst DU eigentlich zuletzt zur Vorsorge? Und hat sich jemand um das Geburtstagsgeschenk für deinen Schwiegervater gekümmert?

Steigt dein Puls, wenn du das liest? Ist dein Akku auch regelmäßig leer, hast du am Beginn der Woche schon das Gefühl, reif fürs Wochenende zu sein?

Erschöpft, überfordert, müde, einsam – Muttersein ist oft anstrengend. Und manchmal zu anstrengend. Wenn es dir so geht wie Leonie, dann sei dir sicher: Du bist nicht allein! Manche Mütter weinen heimlich im Bad, wenn sie das „Glück“ haben, dort zwei Minuten allein zu sein. Manche schreien abends ins Kissen. Und wieder andere bleiben ein paar Minuten länger allein im Auto sitzen als nötig. Denn ihre Nöte werden oft nicht gesehen, ihre Leistungen nicht wertgeschätzt.

Wenn du dann von deiner Überforderung erzählst, bekommst du nicht immer das Verständnis, das du brauchst. Deine Freundin sieht nicht ein, warum du mit „nur einem“ Kind so jammerst. Andere hätten vier und wären zufrieden. Hast du vier, dann darfst du dich aber auch nicht beschweren, schließlich „hast du dir das ja so ausgesucht“. Deine Mutter weist darauf hin, dass sie das früher auch alles geschafft hat, und zwar ohne Krippenplatz. Deine Oma wirft dir vor, undankbar zu sein. Schließlich hast du Einwegwindeln und einen Staubsaugerroboter. Überhaupt: Haushalt war früher eine ganz andere Nummer. Dein Mann saugt ja sogar manchmal. Also bitte, kein Grund, dich zu beschweren. Deshalb hältst du lieber den Mund.

Nein! Mach ihn auf! Du hast Grund, dich zu beschweren und dir Hilfe zu holen. Wir verstehen dich – und viele Mütter da draußen auch. Du bist weder undankbar noch „jammerst“ du. Du stehst für deine Gefühle und Bedürfnisse ein. Dazu möchte dich dieses Buch ermuntern: Trau dich, darüber zu sprechen und dir Hilfe zu suchen. Es gibt Gründe, warum Muttersein heute herausfordernder ist als früher. (Und Mutterschaft war schon immer ein Kraftakt!) Jede geht damit anders um, aber viele, und das sagen wir mit voller Überzeugung und ganz viel Erfahrung, fühlen sich davon überfordert, sind erschöpft oder sogar verzweifelt. In einzelnen Situationen oder den ganzen Tag. Es ist nicht ihre Schuld und nicht deine. Mama sein ist ein verdammt harter Job, deine Ressourcen sind endlich und die Unterstützung von Gesellschaft und Politik unzulänglich. Achte darum gut auf dich und vor allem: Suche dir Hilfe, gib Verantwortung ab und bau dir dein eigenes Dorf!

Bevor wir dir erklären, wie du das Schritt für Schritt bewerkstelligen kannst und dir das nötige Werkzeug an die Hand geben, möchten wir dir kurz erklären, WARUM Mütter (heutzutage) unter einer so starken Belastung stehen. Wir hoffen, dass dir dadurch klar wird, dass der „Fehler“ nicht bei dir liegt, sondern im System. Und dass es legitim und sogar unabdingbar ist, dir ein Netz zu spannen, das dich entlastet und auffängt. Sei klug und gib ab!

DU BIST NICHT ALLEIN VERANTWORTLICH

Du liest dieses Buch. Das heißt, du fühlst dich wahrscheinlich nicht wohl in deiner aktuellen (Familien-)Situation, du würdest gerne die Last, die du trägst, auf mehrere Schultern verteilen und du bist auf der Suche nach Hilfe. In all diesen Punkten möchten wir dir mit diesem Buch helfen.

Wir sagen an dieser Stelle aber auch ausdrücklich: Es ist nicht deine alleinige Verantwortung, dass sich etwas ändert. Du sollst nicht noch mehr Duck verspüren, dir nicht noch mehr aufladen.

Was wir hier schreiben, sind Vorschläge. Sie sind eine Einladung an dich, an den Stellschrauben zu drehen, die DU erreichen kannst.

Gib dieses Buch weiter und Verantwortung ab. An deinen Partner, Verwandte sowie Freundinnen und Freunde. Denn Familie betrifft uns alle und wir sind alle verantwortlich für ein gesundes Aufwachsen der nächsten Generation.

Früher war nicht alles besser, sondern anders

Beginnen wir bei deiner Oma. Wahrscheinlich sieht sie wirklich nicht, warum es dir nicht gut geht. Denn woher soll sie wissen, wie es sich anfühlt, du zu sein? Vielleicht helfen dir deshalb ein paar Argumente dabei, deine Lage verständlicher zu machen. Dir selbst und anderen.

Ja, unsere Großelterngeneration hatte keinen Wäschetrockner, keine Zentralheizung und keine praktischen Einwegwindeln. Unsere Großmütter (die Väter hielten sich zum größten Teil raus) ackerten schwer im Haushalt. Hier hast du einen Vorteil. Aber dafür wird in anderen Bereichen viel mehr von dir verlangt: Die Erziehung ist raum- und zeitgreifender geworden. Wo Kinder früher „einfach mitliefen", wird von uns heute erwartet, dass wir sie zum einen rund um die Uhr pädagogisch wertvoll bespaßen, zum anderen auch nach den neuesten medizinischen und erziehungswissenschaftlichen Erkenntnissen handeln. Zudem machen die heutigen Verhütungsmethoden die Familiengründung zu einer ganz bewussten Entscheidung, die uns das Gefühl gibt, nicht jammern zu dürfen. Wir haben es uns „ja schließlich so ausgesucht".

Dazu kommt eine Doppelbelastung, die unter den gegebenen Strukturen kaum zu handhaben ist: Die Gesellschaft erwartet, dass Mütter Erwerbsarbeit und Familienarbeit vereinen, ohne die Voraussetzungen dafür zu schaffen. Und das trotz häufig stattfindender Retraditionalisierung in der Kleinfamilie: Sobald Kinder da sind, wird der Vater zum Hauptversorger, die Mutter ist für Erziehung und Haushalt weitestgehend alleine zuständig – und soll dann noch arbeiten gehen. Keine der beiden Sphären nimmt Rücksicht auf die andere. Und während du von kleinen Kindern schwer verlangen kannst, weniger Aufmerksamkeit zu benötigen, können wir von der Politik durchaus erwarten, dass sie unter anderem qualitativ hochwertige Betreuungsangebote schafft, die sich an den Realitäten und dem Bedarf orientieren. Und von unseren Arbeitgebern, dass sie darauf Rücksicht nehmen, dass Kinder sich nicht an Zeitpläne und Vorgaben halten.

Stattdessen werden beide Seiten, Familie und Beruf, immer komplexer und herausfordernder. Auf der einen Seite konzentriert sich Erziehung viel mehr auf das Kind. Elternschaft impliziert eine Verantwortung, die weit über das hinausgeht, was noch vor einigen Jahren und Jahrzehnten die Norm war. Wir sollen und wollen unsere Kinder nicht nur erziehen, wir wollen sie „richtig" erziehen, uns informieren, sie auf das harte Leben vorbereiten, ohne sie abzuhärten, ihre

Fähigkeiten fördern, ihre Schwächen ausgleichen und so weiter. Die Ansprüche, die Kindergärten, Schulen, unser Umfeld und der Staat an uns richten, wachsen und wachsen. Und mit ihnen unsere eigenen Ansprüche, weil es unglaublich schwer ist, sich dem zu entziehen.

Gleichzeitig erwarten unsere Arbeitgeber und Arbeitgeberinnen, dass wir zeitlich und räumlich immer flexibler sind. Was bei dem Versuch, beide Welten zu vereinen, ein Gewinn sein kann, macht unter Umständen durch fehlende Grenzen auch enormen Druck. So zieht beispielsweise die junge Frau für einen tollen Job 500 km weit weg von ihren Eltern, gründet dort Familie und hat kein soziales Netz, das sie trägt. Selbstverantwortung, sosehr wir sie uns wünschen, führt auch zu steigenden Belastungen, zum Zwang, die richtige Entscheidung treffen zu müssen; das Risiko der Überforderung ist groß.

Die Arbeit ruht außerdem nie, sie dringt immer weiter in unser Familienleben ein, was ebenfalls immer mehr Entscheidungen von uns abverlangt. Wir sind ständig erreichbar, ständig im Dienst – und tanzen somit auf mindestens zwei Hochzeiten gleichzeitig. Hinzu kommen die Teilzeitfalle der Mütter und eine damit verbundene problematische finanzielle Situation im Alter. Was also oft als Gewinn und Wahlfreiheit verkauft wird, ist in der Realität – zumindest bei uns – ein Dilemma: Kind oder Karriere?

Die erschöpfte Mutter

Eltern und vor allem Mütter haben so viele Aufgaben und so viel Verantwortung – rund um die Uhr –, dass ihre Ressourcen erschöpft sind und damit auch sie selbst. Die Gesamtarbeitszeit von Müttern und Vätern mit Kindern unter drei Jahren liegt bei 57 beziehungsweise 58 Stunden pro Woche. Eine Studie des Deutschen Instituts für Wirtschaftsforschung hat erhoben, dass die Lebenszufriedenheit der Eltern in den ersten sieben Jahren nach der Geburt des Kindes sinkt. Ein Drittel der Mütter fühlt sich mental deutlich schlechter, ist gestresst, zieht sich sozial zurück, verfällt zum Teil sogar in depressive Verstimmungen oder leidet unter Angstgefühlen. Ein Drittel aller Eltern fühlt sich im Alltag oft, das heißt nahezu täglich, gestresst, die Hälfte zumindest gelegentlich.

Denn selbst ohne alle genannten strukturellen Probleme ist Mutterschaft herausfordernd. Hier einige der zahlreichen Gründe:

- Kinder zu haben bedeutet, fremdbestimmt zu sein und zumindest phasenweise im Chaos zu leben. Diese Sorge beschäftigt laut einer Wiener Studie aus dem Jahr 1995 bereits 30 % der Schwangeren.
- Kinder zu haben bedeutet, Verantwortung für kleine Menschen zu tragen, die ohne uns nicht (über-)leben können. 60 % der jungen Mütter erleben den Alltag mit Baby als sehr anstrengend, sagt eine weitere Studie.
- Eltern sein bedeutet, im Spannungsfeld zu leben zwischen Kindeswohl, Eigenwohl und Partnerschaftswohl. Selten lässt sich alles vereinen.
- Mutter zu sein bedeutet, die Hauptlast der Care Arbeit zu tragen, die zu einem großen Teil emotionale Arbeit ist: immer freundlich sein, trösten, die eigenen Gefühle hinten anstellen.
- Mit der Geburt eines Kindes ändert sich alles. Mütter und Väter bewältigen eine nicht zu unterschätzende Anpassungsleistung, das Leben wird auf den Kopf gestellt.

Die Last des Ideals

Die persönlichen Herausforderungen und Leistungsansprüche sind in dieser Zeit also irrwitzig hoch und sie treffen auf Umstände, die es uns unmöglich machen, sie zu erfüllen. Die Strukturen unserer Gesellschaft sind nicht für Menschen mit Kindern gemacht. Das mag drastisch klingen, ist aber wahr. Vielen von uns fehlen Unterstützung und Hilfe im Alltag, die uns Freiheiten zurückgeben könnten, Raum für uns, Zeit, um Familie zu erleben und uns unserer Mutterrolle anzunähern. Die Ansprüche an Kindererziehung steigen, gleichzeitig fehlen uns Vorbilder, weil unsere Eltern und Großeltern oft nicht vor Ort sind und wir Familie nicht mehr vor Augen haben. Fehlende Erfahrung und fehlendes Wissen führen zu Unsicherheit, die wir allein mit uns ausmachen (müssen). Dafür bekommen wir Zwänge und unrealistische Ideale vorgesetzt. Kein guter Tausch. Viele Mütter versuchen das durch professionelle Angebote zu kompensieren: In einer Studie zu Unsicherheiten Schwangerer und frischgebackener Mütter berichteten die 182 befragten Schwangeren, dass sie zusammen an 322 Vorbereitungskursen teilgenommen hatten! Diese Fülle tut auch nicht gut: Zu viel Auswahl – ob im Marmeladen-Regal, auf Netflix oder eben in Sachen Erziehungstipps – wirkt überfordernd und macht nachweislich unzufrieden.

Wer einen Blick auf einschlägige Social-Media-Profile wirft, hat schnell eine Vorstellung davon, was die „ideale Mutter“ heute vermeintlich ausmacht: Sie ist eine gründliche Hausfrau und Deko-Queen, erfolgreiche Geschäftsfrau, aufopferungsvolle Mutter, liebevolle Partnerin, gute Freundin, Party-Planerin, DIY-Fee. Das alles erledigt sie mit einem Lächeln im Gesicht, denn schließlich liebt sie ihre Kinder und hat dieses Leben so gewählt.

Hat sie das? Hast du das? Haben wir uns ausgesucht, dass jeden Tag unrealistische Erwartungen an uns herangetragen werden? Sicher nicht! Und wer sagt denn, dass jemand, der seine Kinder liebt, sich niemals mehr über irgendetwas beschweren darf, was damit zusammenhängt? Dürfen andere über ihren Job schimpfen, obwohl sie ihn gerne machen? Ja, das ist sogar ein Volkssport. Also lasst uns auch mal übers Muttersein schimpfen. Wir lieben unsere Kinder deshalb keinen Deut weniger.

Mutterliebe existiert, sie ist wunderschön und sichert das Überleben der Menschheit. Aber auch sie ist, so wie sie heute verstanden und gelesen wird, ein Konstrukt, eine Überhöhung, eine Romantisierung, deren Konzept im 18. Jahrhundert entstand. Die Realität ist: Viele Mütter brauchen Tage oder gar Wochen, um sich dem Bindungs- und Kuschelhormon Oxytocin hinzugeben, um dieses kleine Bündel Mensch, für das sie verantwortlich sind, mit allen Fasern zu lieben. (Fakt ist übrigens, dass Väter ebenso einen erhöhten Wert des Kuschelhormons vorweisen.) Es gibt Tage, da wiegt diese Liebe den Stress nicht auf, den Mutterschaft mit sich bringt. Das ist okay. Das ist normal. Und genauso okay ist es, sich über eine Auszeit zu freuen, über ein Wochenende ohne Kind zum Beispiel. Dass du dein Kind oder deine Kinder nicht vermisst, heißt doch im Umkehrschluss nicht, dass du es oder sie nicht liebst. Das Bild der aufopferungsvollen Mutter, die alles hinten anstellt, nur das Wohl des Kindes im Blick hat und nicht auf die eigenen Bedürfnisse schaut, ist eine gesellschaftlich gemachte Vorstellung, dic heute mehr denn je an der Realität vorbeigeht und die wir genauer anschauen müssen.

Denn dieses Mutterbild macht Druck und legt den Gedanken nahe, dass Mutter und Kind die einzige, engste und beste Beziehung haben (müssen), dass niemand anderer leisten kann, was eine Mutter leistet. Aber das stimmt überhaupt nicht. Auch andere Personen können Bezugspersonen für das Kind sein, können es mit erziehen, können Bindung aufbauen, Liebe geben, Zuneigung zeigen. Das ist nichts, was auf Frauen und Mütter beschränkt ist. Kindererziehung war früher bei uns Gemeinschaftsaufgabe und ist es in anderen Kulturen noch heute. Das Ideal, dass ausschließlich und am besten die Mütter ihre Kinder betreuen, ist neu und es lohnt sich definitiv, es zu hinterfragen. Wenn du dir das klarmachst, wird die Last, die du spürst, vielleicht schon ein bisschen leichter.

Mach dich von überzogenen und unzeitgemäßen Erwartungen los! Sei die Mutter, die DU sein willst, unabhängig davon, was andere sagen. Du musst nicht über deine Grenzen gehen, deine Kraft nicht völlig ausschöpfen, du darfst deine Bedürfnisse nicht vergessen!

Gib dir Raum und hol dir Unterstützung. Ein Kind zu erziehen ist eine große Aufgabe – und große Aufgaben löst man am besten gemeinsam. Deshalb ist es ist völlig okay, zu sagen: „Ich schaffe das nicht, ich kann nicht mehr, ich brauche Hilfe, es muss sich etwas ändern." Denn unabhängig von deinen persönlichen Ressourcen und eurer individuellen Situation kann niemand diesen Ansprüchen gerecht werden. Auch „die anderen" nicht. Wir sind Menschen, keine Maschinen.

Es wäre wünschenswert, wenn wir uns alle gemeinsam dafür einsetzen, dass die Strukturen und Denkmuster in Bezug auf Mutterschaft sich ändern. Aber oft fehlt uns dafür schlicht und einfach Zeit und Energie. Aufgrund genau dieser Umstände.

Deshalb möchten wir uns in diesem Buch und als ersten Schritt auf DICH konzentrieren. Dass du aus deinem Tief herauskommst, wieder Luft zum Atmen hast und Freude am Leben, an deiner Mutterrolle und an deinem Kind beziehungsweise deinen Kindern. Dann hast du auch wieder die Kraft zu kämpfen. Der erste Schritt auf deinem Weg und für alle anderen Mütter, denen es ebenso geht, ist getan, indem du dieses Buch in die Hand genommen hast.

DEIN WERKZEUG

Der Wille ist da. Du willst, dass sich etwas ändert. Du willst, dass es nicht so bleibt, wie es ist. Weil es nicht gut ist, wie es ist. Doch wo anfangen? Woher die Kraft nehmen, um ALL das anzupacken? Wir zeigen dir, wie! Mit einer Auswahl aus unserer Werkzeugkiste lernst du, wie du bei dir selbst beginnen kannst, deinem Leben einen neuen Dreh zu geben – hin zu mehr Selbstfürsorge.

„Wenn eines der Kinder an die Toilettentür klopft, muss ich aufpassen, dass sie mich nicht laut schluchzen hören. Oder dass ich nicht von der anderen Seite dagegen hämmere und LASS MICH IN RUHE! schreie. Ich will so nicht sein."

Susan, Mutter zweier Töchter (2 und 5)

Wir hoffen, wir konnten dir im ersten Kapitel zeigen, dass du mit deiner Überlastung und Überforderung nicht allein bist. Erschöpfte Mütter wie Susan sind längst keine Seltenheit mehr, es wird nur nicht laut darüber gesprochen. Eigentlich nicht mal hinter vorgehaltener Hand. Ein Tabu liegt auf den Belastungen der Mutterschaft und den Tributen, die sie immer häufiger fordern: Burn-out und (Wochenbett-)Depression. Obwohl beide Erkrankungen steigende Zahlen verbuchen, ist vielen Müttern gar nicht bewusst, wohin sie mit ihrer Aufopferung steuern und dass alle Opfer ihrer Erschöpfung werden. Stattdessen ist die mütterliche Hingabe aktuell en vogue und wird in den sozialen Medien durch Sprüche wie

„Nudeln abseihen ist meine Wellnessbehandlung" oder
„Der Gang in den Keller ist meine Me-Time"

unnötig überhöht und idealisiert. Tu dir selbst einen Gefallen, schnapp dir hier und jetzt einen Stift und streich die Sätze durch! Verbanne derartige Gedanken. Du hast so viel mehr verdient als drei Minuten Me-Time im Waschkeller oder eine Nudelwasser-Dampfbehandlung. Erschöpfung, Dauermüdigkeit, ständige Gereiztheit, Kopfschmerzen und völlige Hingabe können nicht das Ziel sein. Die Zeit auf der Toilette ist keine Mama-Erholungs-Zeit. Sie ist reine Bedürfnisbefriedigung. Punkt.

Eine Botschaft war uns im ersten Kapitel sehr wichtig: Du bist nicht schuld an diesem Dilemma. Dein Päckchen, genau wie das der vielen anderen Mütter, die sich durch den mehrfachbelasteten Alltag kämpfen, ist größtenteils systemgemacht. Wir hoffen, dass dir bereits dieses Wissen ein wenig der Last von deinen Schultern nehmen konnte und du etwas befreiter durchatmen kannst.

Allerdings ist es sehr schwer, ein System zu ändern. Genauso wie andere Menschen oder die eigenen Gefühle. Das geht nicht auf Knopfdruck. Oder hat ein „Jetzt sei doch nicht wütend!" schon jemals bei dir funktioniert?

Was man ändern kann, sind die eigenen Gedanken und das eigene Verhalten, die Gefühle folgen dann nach. Diese Veränderungen hat man in der Hand. Du hast sie in der Hand! Und deshalb beginnen wir bei dir. Was nicht bedeutet, dass du die Last der Veränderung allein schultern musst. Väter müssen sich ihrer Verantwortung stellen, (Groß-)Familien ihren Teil beitragen, die Gesellschaft und die Politik muss die Rahmenbedingung bereitstellen und anpassen.

Aber DU hast jetzt dieses Buch in der Hand und bist somit unser Dreh- und Angelpunkt. Der Brunnen, aus dem niemand schöpfen kann, wenn er leer ist. Das bist du auch für deine Familie. Aller Wahrscheinlichkeit nach bist du es, die den Laden am Laufen hält und dabei für die körperliche und geistige Gesundheit aller Familienmitglieder sorgt. Um das alles zu schaffen, wünscht du dir nicht selten, dir möge ein dritter Arm wachsen oder es gäbe ein Update mit mehr Speicherplatz für dein Hirn. So attraktiv diese Ideen sein mögen, sie sind nicht die Lösung. Wir haben uns überlegt, was dir wirklich aus dem kräftezehrenden Mama-Strudel heraushelfen kann: du selbst, Kommunikation und geteilte Verantwortung mit deinem Dorf. Wir meinen natürlich das metaphorische Dorf, die vielen helfenden Hände aus dem afrikanischen Sprichwort „Es braucht ein ganzes Dorf, um ein Kind zu erziehen."

Ein Kind allein oder zu zweit großzuziehen, ist [...] eine permanente Überforderung, man könnte fast sagen eine Notsituation [...] Es ist schlicht zu anstrengend.

Nicola Schmidt: Erziehen ohne Schimpfen (2019), S. 58.

In diesem Kapitel geben wir dir dein Werkzeug an die Hand, damit du für dich selbst genauso sorgen kannst, wie du es bereits super für andere tust, und damit du das Dorf bauen kannst, das dich entlastet.

Egal wie viele nützliche Tipps wir dir hier mitgeben: Wir brauchen dich! Deine Stärke, deine Kraft und deine selbstfürsorgliche Haltung. Die Veränderung beginnt in dir und zieht danach ihre Kreise, denn du bist nicht allein verantwortlich für das Wohl eurer Familie und das der nächsten Generation. Trage diese Veränderung hinaus in die Welt. Dafür geben wir dir für jedes Werkzeug Impulse und Übungen mit, die dir helfen, neue Fähigkeiten zu trainieren und Gewohnheiten zu etablieren. Diese Impulse sind kleine Angebote von uns an dich, mit denen wir dich stärken und auf deinem Weg begleiten wollen. Lass uns direkt mit dem ersten Impuls starten.

Strebe nicht nach Perfektion, wenn du diesen Ratgeber durchliest. Du musst nicht alles davon umsetzen und anwenden. Du darfst dir aussuchen, was für dich und deine Familie passt, und das dann ausprobieren. Was nicht passt, wird abgewandelt oder weggelassen – es ist ja DEIN Werkzeug. In einer besonders stressigen Phase ist dir eine neue positive Gewohnheit wieder abhandengekommen? Kein Grund zur Sorge! Lies noch mal nach und belebe die Gewohnheit von Neuem.

Dein Stressmanagement

Unsere große Werkzeugkiste startet mit deinem Stressmanagement. Es bietet dir die Grundlage, dich mit den anderen Werkzeugen, wie deiner Gesundheit, deiner Selbstfürsorge oder deiner Wut, zu beschäftigen, indem es Zeit und Raum dafür schafft.

Stressmanagement besteht aus einem effektiven Zeitmanagement und einer lösungsorientierten Haltung. Ein guter Zeitplan sorgt dafür, dass in der Regel – und Ausnahmen bestätigen diese bekanntlich – gar nicht erst extrem viel Stress aufkommt. Und wenn doch, hilft dir eine lösungsorientierte Einstellung dabei, wieder Herrin der Lage zu werden. Vorher schauen wir aber noch, wie ein solcher Plan aussehen kann und welche Elemente sich bewährt haben. Ordnung ist das halbe Leben oder in deinem Fall: der Schlüssel zu mehr Zeit und weniger Stress. Und weil Zeit so unglaublich wertvoll für dich, deinen Körper und deinen Geist ist, lohnt es sich, Struktur ins Chaos zu bringen, Zeitfresser zu reduzieren oder zu eliminieren und zu lernen, was wirklich dringend und wichtig ist.

Das Familienboard

Termine, Aktivitäten und Aufgaben im Kopf zu organisieren, kostet viel Energie und Aufmerksamkeit. Für eine Person ist das meist noch gut machbar. Je mehr Menschen in deiner Planung berücksichtigt werden müssen, umso schwieriger und unübersichtlicher wird es. Ein „Familienboard" ist eine gute Gedankenstütze. Tatsächlich lohnt sich ein guter Überblick schon ab dem ersten Baby und erleichtert Schwangerschaft, Wochenbett und alles, was folgt. Als Familienboard kann dir eine große beschrift- und abwischbare Magnettafel, eine schöne Korkpinnwand mit auswechselbaren Vorlagen oder eine mit Tafelfarbe bestrichene Holzplatte dienen. Euer Board darf so kreativ oder pragmatisch sein, wie du willst. Einmal gestaltet, ist es eine fortlaufende Erleichterung, die die Mühe sicher wert ist. Wenn du es lieber digital magst, kannst du auch mit Planungs-Apps arbeiten, die alle Familienmitglieder synchronisieren können. Wir empfehlen dir für deine Übersicht drei Bereiche:

- Eine Wochenübersicht mit allen fixen terminlichen Verpflichtungen, Aktivitäten und Aufgaben
- Einen Wochenspeiseplan
- Die Visualisierung deines Unterstützungsnetzes

Die Wochenübersicht

Der wöchentliche Babyschwimmkurs, die Kita-Zeiten des größeren Kindes und seine Turnstunde, die Arbeitszeiten und die wöchentliche Physiotherapiestunde des Partners, die eigenen Arbeitszeiten und der abendliche Yogakurs, Waschtag und Großeinkauf: alles auf einen Blick! Eine solche Wochenübersicht hat den Vorteil, dass du genau siehst, welcher Tag vielleicht übervoll ist und am besten entrümpelt gehört, und welcher Tag noch Luft für Umplanung lässt. Sorge nach Möglichkeit für eine ausgewogene Verteilung der Termine und packe nicht einen Tag voll, nach dem Motto: „Dann ist es erledigt!“ Dieser eine Tag wird sonst alle Beteiligten so viel Energie kosten, dass die anderen ebenfalls mühsam sind, obwohl sie eigentlich ganz entspannt ablaufen könnten. Wenn du zusätzlich noch mit Symbolen arbeitest, hilft das gleichzeitig den größeren Kindern, sich in der Woche zu orientieren, was sich positiv auf deren Kooperationsbereitschaft auswirkt. Diese lässt nämlich stark nach, wenn Kinder sich überrumpelt fühlen und ihr Tag nicht nach Plan verläuft.

UNSERE WOCHE

	MAMA	PAPA	TOBI	LISA	To-dos
Montag	Arbeiten	Arbeiten	Kinderkrippe	Schule	
Dienstag		Arbeiten Physiotherapie		Schule	
Mittwoch	Arbeiten	Arbeiten	Kinderkrippe	Schule	Lisa zum Schwimmen fahren – Mama
Donnerstag	Arbeiten Chorprobe	Arbeiten	Kinderkrippe	Schule	
Freitag	Arbeiten			Schule	Waschtag – Papa
Samstag	Großeinkauf				
Sonntag					Wochen-speiseplan schreiben

Ein Unterpunkt eurer Wochenplanung ist die Aufgabenverteilung. Wie faire Verantwortungs- und Aufgabenverteilung gelingen kann, zeigen wir dir im Kapitel → „Verantwortung abgeben und Mental Load teilen“. An dieser Stelle aber schon mal der Hinweis, dass es für alle Beteiligten sehr hilfreich ist, wenn diese Verteilung auf dem Familienboard ersichtlich ist. Richtig effektiv wird das Familienboard, wenn daneben euer Familienkalender hängt, in den ihr die unregelmäßigen Termine wie Arztbesuche, Elternabende, Familienfeste und dergleichen eintragt.

Jedes Familienmitglied bekommt eine eigene Farbe und damit werden die Aufgaben in den Plan eingetragen. So wissen alle auf einen Blick, wer was zu tun hat, und können die entsprechenden Punkte von der mentalen To-do-Liste streichen. Wenn es immer wieder wechselnde Aufgaben gibt, besprecht auch diese wöchentlich gemeinsam, wenn ihr den Wochenspeiseplan erstellt. (Vorlagen für den Wochenplan und den Wochenspeiseplan findest du auf unserer Website www.mamafuersorge.com zum Download.) Kombiniert ihr die wöchentliche Paarbesprechung mit einem Glas Wein oder die Familienbesprechung mit dem Nachtisch oder dem anschließenden gemeinsamen Familienspieleabend, entsteht daraus ein Ritual, welches ihr bald lieb gewinnen werdet.

Der Wochenspeiseplan
Jeden Tag wieder dieselben Fragen: Was kochen wir heute? Was haben wir noch da? Was geht schnell? Was schmeckt auch den Kindern? Muss ich jetzt noch mal einkaufen fahren? Das kommt dir sicher alles bekannt vor. Wir alle kennen das. Und am Ende der Woche war man dann viermal im Supermarkt. Wie anstrengend und zeitraubend! Ein Wochenspeiseplan verschafft Abhilfe: Ihr setzt euch einmal die Woche zusammen und entscheidet, was ihr in dieser Woche kochen wollt. Orientiert euch dabei auch am Wochenplan und euren zeitlichen Ressourcen. Aufwändigere Gerichte an ruhigen Tagen, schnelle Speisen und Aufgewärmtes an vollgepackten Tagen. Auf Basis dieses Plans wird die Einkaufsliste erstellt und dann geht's los zum wöchentlichen Großeinkauf – der einen fixen Platz im Wochenplan hat. Wenn ihr bei Einkauf und Verarbeitung der Lebensmittel noch die Zeit im Auge behaltet, also die Speisen mit frischen Lebensmitteln direkt an den Tagen nach dem Großeinkauf kocht und die mit haltbareren Zutaten erst gegen Ende der Woche, werft ihr am Ende auch weniger weg und lebt nachhaltiger. Und was ist mit den kleinen Feinschmeckern, die natürlich genau an diesem Tag keine Lust auf die geplante Speise haben?

Unser Tipp: Einigt euch in der Familie auf EINE Ersatzspeise, auf die man ausweichen darf, wenn man etwas nicht mag. Denn auch doppelt und dreifach kochen ist auf Dauer ein Energiefresser, genauso wie Dauerdiskussionen à la „Ich will aber was anderes!“ Butterbrot, Käsebrot & Co. sind schnell gemacht und als Abendessen vollkommen in Ordnung. Pro Tipp: Legt die Wochenpläne in einer Mappe ab. Daraus entsteht eine kleine Sammlung, auf die ihr in besonders stressigen Zeiten zurückgreifen könnt. Und ihr habt einen Quell an Inspirationen für neue Wochenpläne.

Die Visualisierung deines Unterstützungsnetzes
Unser großes Ziel ist es, dir zu zeigen, wie du dir ein Unterstützungsnetz knüpfst, damit du nicht mehr alles allein machen musst und unter der Last der Verantwortung nicht zerbrichst. Wir wollen dir zeigen, wie du dein eigenes Dorf bauen kannst, damit du in all dem Trubel nicht zu kurz kommst und dich nicht vergisst. Denn wir sind davon überzeugt, dass es für eine gesunde, kindliche Entwicklung eine gesunde Mutter braucht. Deswegen haben wir dieses Buch geschrieben. Wir haben für dich im Kapitel → „Nutze dein Werkzeug, bau dir dein Dorf“ eine Übung zusammengestellt, die dir hilft, dein Dorf zu visualisieren. Und weil bereits das Wissen darum, wer wann helfen könnte, eine große Entlastung darstellt, ist ein guter Ort für deine Visualisierung genau hier: auf dem Familienboard.

Aus der Mücke KEINEN Elefanten machen

Das Familienboard ist ein wunderbares Mittel gegen Zeitstress. Stress ist im 21. Jahrhundert, in dem kein Säbelzahntiger mehr hinter dem nächsten Farn lauert, meist ein Produkt unserer Gedanken. Sie bestimmen, wie wir eine Situation bewerten, und infolgedessen auch, wie wir diesbezüglich fühlen und reagieren. Diese Prozesse sind untrennbar verwoben. Deine gedankliche Haltung ist das A und O. Betrachten wir ein Beispiel: Dein Partner kommt zu spät. Du denkst: „Er hat mich vergessen. Ich bin es nicht mal wert, angerufen zu werden.“ Dadurch fühlst du dich verletzt und reagierst dementsprechend abweisend. Wir spulen zurück: Dein Partner kommt zu spät. Du denkst: „Oh weh, der Arme musste länger arbeiten und ist jetzt bestimmt erschöpft!“ Du empfindest Mitgefühl und reagierst zuvorkommend und zugewandt. Es ist nur ein verkürztes Gedankenspiel ohne Vorgeschichte, die deine Gedanken in eine bestimmte Richtung gelenkt haben. Aber wir hoffen, es hat verdeutlicht, wie stark unsere Gedanken unsere Gefühle und Reaktionen beeinflussen. Diesen Wirkmechanismus können wir nutzen! Denn unsere Gedanken können wir ändern. Natürlich nicht einfach mit einem Fingerschnippen, da wollen wir dir nichts vormachen. Aber mit etwas Übung wird es dir gelingen, einen Moment innezuhalten und die Bewertung einer Situation noch einmal zu überprüfen. Jedes Mal, wenn du locker und entspannt bleibst, wenn es nicht nach Plan läuft, wird ein kleiner Sieg sein, und du wirst erkennen, dass es sich lohnt, aktiv an den eigenen Gedanken zu arbeiten.

WAS IST STRESS UND WIE WIRKT ER SICH AUS?

Stress versetzt den Körper in einen Alarmzustand, ungeachtet dessen, ob es eine tatsächliche Gefahr gibt oder ob diese nur den eigenen Gedanken entspringt. Wird eine körperliche Stressreaktion ausgelöst, handelt es sich dabei um ein automatisiertes Programm, das dir durch Bereitstellung von sehr viel Energie ermöglicht, die stressige Situation zu bewältigen. Geschrieben wurde dieses Programm, um unser Überleben mit einer sehr schnellen Kampf- oder Fluchtreaktion zu sichern. Heute geht es in der Regel nicht mehr ums nackte Überleben und schon der vergessene Einkauf oder die ausgeschüttete Müslischale kann diese Stressreaktion aktivieren. Während eine kurzfristige Stressreaktion mit einer anschließenden Erholungsphase keineswegs bedenklich ist, sieht das für Stress als Dauergast ganz anders aus. Die langfristigen Folgen sind Gereiztheit, Konzentrationsstörungen, Verspannungen, Schlaflosigkeit, Kopfschmerzen, körperliche Erkrankungen, Burn-out und Depression.

Wir haben dir vier Strategien zum gedanklichen Stressmanagement mitgebracht. Es reicht vollkommen, wenn du dir eine davon aussuchst und diese in deinen Alltag integrierst. Probiere es einfach aus!

1. Gedanken stoppen

Es ist eine Sache, sich zu sorgen und dann eine Lösung zu suchen. Stoff für Sorgen haben Eltern genug: die Finanzen, die Arbeit, die Vereinbarkeit, die Kinderbetreuung, die Ernährung, die Entwicklung, die Erziehung. Diese Liste lässt sich schier endlos fortsetzen. Es ist aber eine ganz andere Sache, sich ununterbrochen zu sorgen. Das ist ungesund, körperlich wie geistig, und hat darüber hinaus keinen nennenswerten Effekt. Ein Problem kann nicht durch reines Grübeln gelöst werden – es sei denn, du bist Philosophin. Bevor wir dir zeigen, wie du deine Sorgen in andere Bahnen lenken kannst und ihnen den Schrecken nimmst, musst du deine negativen Gedanken erkennen und stoppen. Tatsächlich braucht es dafür keine unglaublich ausgeklügelte Technik, eine ganz einfache reicht. Indem du aufmerksam mit deinen Gedanken umgehst, merkst du, wann du dich sorgst und dann lösungsorientiert weiterdenkst, oder wann du dich einfach nur sorgst und gedanklich im Kreis drehst. Und dann sagst du: „STOPP!“ Sag es laut, damit dein Körper und dein Geist wissen, dass du es ernst meinst. Stell dir rote Großbuchstaben vor oder ein Stoppschild, das sich vor deine Gedanken stellt und sie anhält. Hast du das geschafft, dann atme. Atme ein 1, 2, 3, 4. Atme aus 1, 2, 3, 4, 5, 6. Und dann ran an das Problem.

2. Entkatastrophisieren

Wir befördern dich zur gedanklichen Katastrophenmanagerin. Diese Strategie eignet sich sowohl für größere Sorgen als auch kleinere Ängste. Deine Aufgabe ist, herauszufinden, ob das Eintreffen deiner Befürchtungen wirklich eine Katastrophe wäre, und wenn ja, was du dann bräuchtest und wie es danach weitergehen würde. Es geht darum, dass deine Gedanken nicht bei der vermeintlichen Katastrophe stecken bleiben und sich nur noch um sie drehen.

Allzu oft bleibt das Gedankenkarussell bei dieser einen Befürchtung hängen, wie eine Schallplatte, die einen Sprung hat. Dabei kann es sogar passieren, dass die Befürchtung mit jedem Sprung noch schlimmer wird. Es ist deine Aufgabe, den Abspielarm von der Platte zu nehmen und ihm über den Sprung hinwegzuhelfen. Das „Was wäre, wenn ...?“ zu Ende zu denken und nach dem „Und dann?“ zu fragen. Das ist der Weg raus aus der Gedankenschleife. Alternativ kannst du dich auch fragen: Was ist das Schlimmste, was realistisch (!) betrachtet passieren kann? Und wie gehe ich dann damit um? Das nimmt ganz vielen Situationen bereits den Schrecken. Gleichzeitig wirst du merken, wie viele Handlungsmöglichkeiten du zur Verfügung hast.

„Lea hatte furchtbare Angst davor, dass ihr Kita-Kind sich die Läuse holen und diese mit nach Hause bringen könnte. Es stresste sie total und jeden Tag suchte sie nach einem Hinweis, einem Schild an der Kita-Tür oder Auffälligkeiten im Verhalten ihres Sohnes. Was aber passieren würde, wenn es dann so weit wäre und ihr Sohn wirklich Läuse mitbrächte, das hatte sich Lea nie überlegt. Sie stellte sich nur vor, wie furchtbar das dann jucken würde und dass sie nie wieder würde schlafen können. Weder wusste sie, wie es sich auswirkt, wenn ihr Kind Läuse hat, noch was sie dann würde tun müssen, welches Shampoo man braucht, was ein Nissenkamm ist, bei wie viel Grad man Kleidung und Bettwäsche waschen sollte. Nicht, dass sie sich mit diesen Gedanken nicht beschäftigen wollte oder konnte. Sie kam in ihrer Erwartungsangst einfach nicht an den Punkt, diese Sorge rational angehen zu können. Ein kleiner, mit der Apothekerin abgestimmter Notfallplan, der eine Zeit lang am Familienboard hing, bis er nicht mehr gebraucht wurde, war die Lösung.“

Michèle über Lea, Mutter eines Sohnes (5)

3. Annahmen prüfen

Wie bereits erwähnt sind es unsere Gedanken, die entscheiden, ob eine Situation als stressig, belastend, positiv oder negativ herausfordernd, beglückend, wertschätzend und so weiter betrachtet wird. Diese Beurteilung passiert einfach, denn die Erfahrung unserer bisherigen Lebensjahre hat uns Muster entwickeln lassen, sogenannte Schemata, die für die allermeisten Situationen bereits die Antwort gespeichert haben. Du weißt, dass eine auf Bauchhöhe entgegengestreckte Hand bedeutet, dass dein Gegenüber dir die Hand schütteln will, weil es bereits tausendfach davor genauso war. Du gehst bei dieser Körperhaltung nicht davon aus, dass die Person dich am Gürtel packen und zur Seite ziehen will. Diese Muster haben den großen Vorteil, dass sie unser Leben vereinfachen, denn sonst müssten wir jedes einzelne Mal die Intention hinter der ausgestreckten Hand suchen, was eine große Energieverschwendung wäre.

Der Nachteil an diesen Schemata ist, dass nicht alle von ihnen wirklich richtig sind, wir sie aber nicht mehr überprüfen. Hast du beispielsweise in deiner Kindheit oft gehört, dass du als Mädchen gar nicht gut in Mathe sein kannst, weil das eher Jungssache ist, dann ist diese Annahme in deinem Kopf. Du siehst in den sozialen Medien schlanke Mütter und nimmst an, dass das die Regel ist und nur du es nicht schaffst, abzunehmen. Die Mütter in deinem Umfeld beschweren sich auch nie über Schlafmangel & Co., also nimmst du an, dass es bei ihnen besser läuft. Aller Wahrscheinlichkeit nach überprüfst du diese Annahmen gar nicht mehr, sie sind einfach da. Daher laden wir dich ein, in dich hineinzuhorchen, welche Annahmen über dich selbst, deinen Partner, dein(e) Kind(er), deren Erziehung oder euer gesamtes Familiensystem vorhanden sind. Sätze, in denen du ein „man“ oder ein „ist halt so“ entdeckst, pickst du dir heraus und überprüfst sie eingehend. „Als Familie muss MAN alles zusammen machen“ ist eine Erwartung, die wir besonders bei frischgebackenen Eltern oft finden. „Ich bin HALT so ...“ und „er ist HALT so ...“ sind Sätze, die den Paarkonflikt schon vorprogrammieren. Und „das macht MAN so“ ist ein Satz, der dich davon abhält, deinen Weg zu finden und zu gehen. Wenn du „das macht MAN so“ voller Überzeugung zu „das machen WIR so“ umwandeln kannst: Bravo! Aber wenn du merkst, dass du es eigentlich nicht so machen willst, dann musst du hinterfragen, warum MAN das so macht. Gibt es einen wirklich guten, vielleicht gesundheitlichen Grund? Oder ist es eine veraltete Überlieferung?

„Miriams kleiner Sohn schlief sehr schlecht und sie dadurch natürlich auch. Ihr Mann musste arbeiten und da sie stillte, konnte er ihr nachts sowieso nicht behilflich sein (so ihre erste Annahme). Im Gespräch stellte sich heraus, dass ihr kleiner Sohn im Gitterbett in seinem Zimmer schlief. Miriam musste daher jedes Mal aufstehen, wenn er wach wurde und weinte. Dann stillte sie ihn und versuchte, ihn abzulegen, wenn er wieder eingeschlafen war, was aber meist nicht funktionierte. Auf die Frage, ob es denkbar wäre, ihn mit zu sich ins Bett zu nehmen, antwortete sie, dass sie das schon überlegt habe, aber das tue man ja nicht. Außerdem hat ihre Mutter ihr versichert, dass sie ihren Sohn nicht mehr aus dem Elternbett bekäme, wenn sie hier nicht von Anfang an konsequent ist. Die Annahme, es gehöre sich nicht, das Kind im Ehebett schlafen zu lassen, plus die Annahme, ihre Mutter habe recht, stellte Miriam gar nicht infrage. Sie übernahm sie einfach so und quälte sich durch schlaflose Nächte. Erst als wir gemeinsam ihre Annahmen hinterfragten, ihre Bedenken erörterten und über sichere Co-Sleeping-Möglichkeiten sprachen, verbesserte sich die Schlafsituation, die für einen sehr großen Anteil des familiären Stresses verantwortlich war, enorm.“

Michèle über Miriam, Mutter eines Sohnes (6 Monate)

4. Das positive Selbstgespräch

Selbstgespräche sind eine sehr wirksame Methode gegen stressverursachende und selbstabwertende Gedanken und Gefühle. Sie helfen dir aktiv dabei, Stress zu bewältigen und negative Gefühle in positive umzuwandeln. Sei dein eigener Coach und formuliere die oben identifizierten, hinderlichen Annahmen um! Diese Übung eignet sich übrigens auch sehr gut, um alte Glaubenssätze zu überschreiben, die dein „inneres Kind“ (→ „Dein ‚inneres Kind‘“) mitbringt. Wir haben ein paar Vorschläge für dich, die du in deine Selbstansprache einbauen kannst, deiner Kreativität sind aber keine Grenzen gesetzt. Erlaubt ist, was dir guttut und realistisch sowie positiv formuliert ist.

- *Ich stoppe die Sorgen und finde eine Lösung.*
- *Ich gehe meinen eigenen Weg.*
- *Ich hinterfrage Gegebenes und entscheide ganz bewusst für mich und meine Familie.*
- *Ich nehme mich ernst, mit allem, was dazugehört.*
- *Ich kann das/diese Aufgabe bewältigen.*
- *Ich denke jetzt in Ruhe über die weiteren Schritte nach.*
- *Ich schaffe das.*
- *Ich habe alles, was ich brauche, um das Problem zu lösen.*

DEINE GEHEIMWAFFE: DIE 5-4-3-2-1-ÜBUNG

Für akute Krisen, intensive Stressreaktionen und emotionale Überflutung wollen wir dich ebenso gut gerüstet wissen wie für den Alltag mit Kind und Kegel. Daher haben wir dir die 5-4-3-2-1-Übung von Yvonne Dolan mitgebracht, bei der es sich um eine sehr effektive Stabilisierungstechnik der Traumatherapie und Krisenintervention handelt. Dort wird diese Übung hauptsächlich zur Wiederverankerung in der Gegenwart genutzt, wenn Flashbacks von traumatischen Situationen eintreten. Sie ist darüber hinaus sehr vielseitig anwendbar, z. B. stoppt sie das Gedankenkarussell sowie Panik- und Angstgefühle, fördert die Impulskontrolle und hilft beim Einschlafen, wenn Körper und Geist nicht zur Ruhe kommen wollen. Sie funktioniert, weil unser Gehirn nicht drei Sinne gleichzeitig abfragen und auch noch das komplette Stresssystem befeuern kann. Und das Tolle: Sie ist ganz einfach und braucht keine Materialien.

So geht's:
Du zählst laut oder in Gedanken jeweils 5 Dinge auf, die du im Hier und Jetzt siehst, hörst und spürst. Danach benennst du jeweils 4 Wahrnehmungen aus deiner konkreten und gegenwärtigen Umgebung, die du sehen, hören und fühlen kannst. Danach jeweils 3, dann jeweils 2 und zuletzt eine Sache. Mehrfachnennungen sind möglich, du musst dich also nicht stressen, jede Runde neue Dinge zu finden. Laut ausgesprochen verstärkt sich der Effekt der Übung, das ist aber nicht zwingend notwendig.

Multitasking, ade!

Einen letzten Tipp zum Thema Stressmanagement wollen wir dir noch mitgeben: Im alltäglichen Trubel denkst du vielleicht oft, du müsstest mehrere Dinge gleichzeitig machen, um alles unter einen Hut zu bringen. Damit steigt allerdings dein Stresspegel enorm, während deine Leistungskurve stark absinkt. Das bedeutet, du machst zwar mehr, bist dabei aber angespannter und das Ergebnis wird nur halb so gut. Übst du gerade eine Tätigkeit aus, die deine Aufmerksamkeit oder Achtsamkeit benötigt, dann unterbrich sie ganz, wenn etwas wirklich Wichtiges dazwischenkommt. Ist es nicht so wichtig, bring die Tätigkeit zu Ende, Kind(er) (etwa ab dem ersten Geburtstag) und Partner können auch mal kurz warten.

Natürlich kannst du dir deine Tagesstruktur anschauen und sie optimieren. 20 Minuten früher aufstehen kann dein Energielevel und deine Stimmung für den ganzen Tag verändern – wenn diese 20 Minuten dir und deinem Kaffee gehören. Abends 20 Minuten in eine aufgeräumte Küche und einen begehbaren Boden investiert und die Welt sieht gleich anders aus. Und natürlich kannst du deine Einkaufsliste schreiben, während aus deinem Handy die Warteschleifenmelodie der Kinderarztpraxis trällert. Und du kannst auch die Einschlafbegleitung für dich nutzen und dabei meditieren. Solche Leerlaufzeiten darfst du gerne sinnvoll nutzen. Das kann sogar ein Gewinn sein. Aber die trockene Brezel knabbern, während du die Küche aufräumst und noch einen Muffin-Teig für den Kindergeburtstag anrührst? Bitte lass das nicht zur Regelmäßigkeit werden. Gut strukturiert kannst du jede einzelne Tätigkeit achtsam erledigen und sie vielleicht sogar wieder genießen. Dein Körper und deine seelische Gesundheit werden es dir danken.

Dein gesunder Körper

Apropos dein Körper: Er trägt dich durch dein Leben. Und er hat dein(e) Kind(er) ins Leben getragen. Dein Körper ist ein unglaublich wichtiges Gut. Im Grunde weißt du das schon und hast es auch schon unzählige Male gehört. Er ist viel zu wertvoll, um mit glorifizierter Überlastung à la „Ich trink meinen Kaffee eh lieber kalt, macht ja bekanntlich schön“ abgespeist zu werden. Aber in dem ganzen Alltagsstress geht dieses Wissen immer wieder unter und dein eigener Körper rückt auf den letzten Platz der Versorgungsliste. Wenn am Abend der Kopf dröhnt, wird dir klar: „Ich hab heute noch gar nichts getrunken!“ Deine Stimmung rutscht auf dem Barometer immer häufiger Richtung ‚schlechte Laune‘ und irgendwann platzt dir der Kragen. Plötzlich ist dein Leben eine Snickers-Werbung und du bist nicht mehr du, weil du eben hungrig bist. Du bist nicht die ruhige, entspannte und zugewandte Mama, die du gern wärst und meist auch bist. Dein Körper, der nach Essen oder Trinken verlangt oder von Hormonen überschwemmt wird, hat das Kommando übernommen. Hol es dir zurück – wir zeigen dir, wie!

Iss und trinke genug

Die meisten Mütter, die wir kennen oder mit denen wir arbeiten, machen sich unglaublich viele Gedanken darüber, was ihre Kinder zu sich nehmen. Es beginnt mit Fragen rund um die Ernährung der erst schwangeren, dann stillenden Frau (Blähen Zwiebeln das Babybäuchlein?), geht weiter mit Sorgen rund um das Abstillen und der Einführung der ersten festen Nahrung (Brei oder zermatschte Karottensticks?), einen mäßigen oder gar restriktiven Umgang mit Zucker, kein Honig im ersten Lebensjahr, keine Nüsse vor dem vollendeten fünften Lebensjahr, und ab wann darf ein Kind eigentlich Wasser trinken? Und wie viel? Was dein(e) Kind(er) angeht, bist du vermutlich ein wandelndes Ernährungslexikon, trägst stets eine Snackdose mit dir herum und erinnerst regelmäßig an ausreichend Flüssigkeitsaufnahme. Und bei dir selbst? Deine Trinkflasche liegt verstaubt im Schrank und dein Frühstück verspeist du schnell, schnell, nachdem du das Kind in der Kita abgeben hast und bevor du im Eilschritt zur Arbeit hetzt. Mittagspause gibt es keine, weil du bis zur letzten Minute arbeitest, um so viel wie möglich zu erledigen, und dann springst du direkt zurück zur Kita, wo du hungrig ein müdes Kind aus der Betreuung holst. Das kann eigentlich nur schiefgehen.

Du merkst bestimmt schon, auf was wir hinauswollen: Dein Körper braucht dich und deine Fürsorge, ebenso wie dein(e) Kind(er) dich und deine Fürsorge braucht/brauchen. Das Schwierige bei Gesundheitsthemen ist, dass man in einer Spirale aus großen Vorsätzen, stressigem Alltag und Scheitern gefangen ist. Dein Kopf ist voller „ich sollte" und das macht mürbe. „Ich sollte meinen Beckenboden trainieren.", „Ich sollte mich gesünder ernähren.", „Ich sollte abnehmen und mehr Sport machen." Woher die Energie für eine komplett überfüllte To-do-Liste für den eigenen Körper nehmen, wenn die für den Alltag schon aus allen Nähten platzt? Dann lieber gleich lassen, denkst du dir vielleicht.

FANG KLEIN AN

Kremple nicht deine kompletten Essgewohnheiten um und starte auch nicht gleich eine herausfordernde 30-Tage Sport-Challenge, nur um dann Wochen später erschöpft und super gereizt hinzuschmeißen. Fang klein an. Das kann zum Beispiel heißen, dass eine Trinkflasche ab jetzt deine treue Begleiterin ist. Ein erwachsener Mensch sollte mindestens 1,5 Liter alkoholfreie, koffeinfreie Getränke pro Tag zu sich nehmen, empfohlen werden Wasser, Tee oder stark verdünnter Saft. Eine praktische 0,75-Liter-Flasche, die auch gut in die Handtasche passt, füllst du am besten zweimal pro Tag und trinkst sie leer. In stressigen Zeiten, bei großer Hitze oder wenn du noch voll stillst, empfiehlt es sich, die Flasche dreimal zu füllen. Du kannst dich übrigens selbst ein klein wenig besser motivieren, wenn du dir eine Trinkflasche aussuchst, die dir wirklich gut gefällt. Gönn dir eine Flasche in deiner Lieblingsfarbe, das macht gleichzeitig auch noch fröhlich!

Kalendereintrag: Frühstück im Sitzen

Selbstfürsorgliches Verhalten sollte am besten ein fixer Punkt in deiner Tagesplanung werden und gehört in deinen Wochenplan auf dem Familienboard. Wenn du zusätzlich persönlich oder beruflich noch einen Buchkalender führst, ein Achtsamkeitstagebuch pflegst (sehr empfehlenswert!) oder deine Termine im Handykalender mit deinem Partner synchronisiert organisierst – trag die Zeit für dich auch dort ein. Vergiss nicht, einmal am Tag in Ruhe und im Sitzen zu essen. Bekanntlich ist das Frühstück die wichtigste Mahlzeit des Tages. Plane es künftig auch für dich mit ein, nicht nur für dein(e) Kind(er). Im morgendlichen Trubel ist das nicht drin? Überlege, was du schon am Abend vorbereiten kannst, um am Morgen mehr Zeit zu haben, oder ob du vielleicht 20 Minuten früher aufstehen kannst, um dein Müsli und deinen Tee in Ruhe und Stille zu genießen. Ein solcher Start in den Tag wirkt Wunder!

Energielieferanten

Stressige Zeiten stellen besondere Ansprüche an unseren Körper. Das gilt für das Wochenbett genauso wie für die Phase des beruflichen Wiedereinstiegs, die Kita-Eingewöhnung und, und, und. Im Leben mit Kindern ist eigentlich immer etwas los. Und wenn viel los ist, greift unser Körper gerne zu schnellen Energielieferanten wie Limonaden, Fast Food und Schokolade. Ein schneller Kick, der mit Bauchschmerzen und einem schlechten Gewissen bestraft wird und sich langfristig nachteilig auf den Körper auswirkt. Greif stattdessen öfter mal zu Nüssen und Trockenobst, beides eignet sich wunderbar für unterwegs, das Büro oder den Abend auf der Couch. Vollkornbrot und/oder Haferbrei zum Frühstück liefern genug Energie, um beschwingt durch den Vormittag zu kommen. Haferbrei kannst du super am Vorabend vorbereiten (sogenannte Overnight-Oats) und morgens verzehrfertig aus dem Kühlschrank nehmen. Leckere rote Beeren können dazu beitragen, einen ausgeglichenen Eisenspiegel im Blut zu haben, ein Mangel, der für Frauen recht typisch ist und mit Müdigkeit und Erschöpfung einhergeht.

VORBEUGEN IST BESSER ALS HEILEN

Vor- und Nachsorgeuntersuchungen sind wichtig und können dir sehr viel Aufschluss über deine derzeitige Verfassung geben. Sie liefern wichtige Erkenntnisse über deinen Gesundheitszustand, eventuelle Risikofaktoren oder Mangelerscheinungen und dienen der Früherkennung von Krankheiten.

Die wichtigsten Vorsorgeuntersuchungen für Frauen sind:

- Die allgemeinmedizinische Vorsorgeuntersuchung für Erwachsene:
  - In Deutschland ab 35 alle drei Jahre ein großer „Check-Up 35“
  - In Österreich die jährliche „Gesundenuntersuchung“ ab 18
- Die gynäkologische Vorsorgeuntersuchung

Im Rahmen der gynäkologischen Vorsorge wird ein sogenannter PAP-Abstrich durchgeführt, der maßgeblich zur Früherkennung von Gebärmutterhalskrebs beiträgt. Außerdem wird die Brust abgetastet, etwas, das du auch regelmäßig für dich zu Hause tun kannst. Deine Gynäkologin oder dein Gynäkologe zeigt dir sicher gerne, wie das geht. Informiere dich zusätzlich spätestens ab 45 (bei genetischen Risikofaktoren auch schon früher) über eine Mammografie.

Im Zuge der allgemeinen Vorsorge werden unter anderem Blut und Urin gecheckt, der Blutdruck gemessen und der Körper untersucht. Weiterhin solltest du regelmäßig zur zahnärztlichen Kontrolle und ab spätestens 35 auch in regelmäßigen Abständen deine Muttermale und Leberflecken anschauen lassen.

Aufgrund der körperlichen Belastung und Veränderung sind auch die Nachsorgeuntersuchungen nach Schwangerschaft und Geburt sehr wichtig. So können beispielsweise Risiken für Gebärmuttersenkung oder Blasenschwäche rechtzeitig erkannt und mit entsprechenden Beckenbodenübungen behandelt werden.

Lifehacks für gesunde Ernährung

Dem Frühstück haben wir jetzt bereits unser Augenmerk geschenkt, nun wollen wir die warmen Speisen auch noch kurz anschauen. Hier darfst du gern ein wenig in die Trickkiste greifen! Koche hin und wieder größere Mengen, damit du etwas einfrieren kannst und an hektischen Tagen leckeres Essen zum Auftauen parat hast. Auch ein kleiner Vorrat an guten und gesunden Fertigprodukten ist eine praktische Ergänzung in jeder Familienküche. Es gibt inzwischen wirklich leckere und bekömmliche Soßen, Fertiggerichte und Suppen. Nudeln mit Tomatensoße gehen schnell und mag eigentlich jeder. Eine weitere gute Möglichkeit, Stress, Zeit und Arbeit zu sparen, ist es, sich Essen, Kochboxen oder Einkäufe liefern zu lassen. Viele Supermärkte bieten das inzwischen ab einem bestimmten Warenwert kostenlos an, und den bekommt man bei einem Großeinkauf für die Familie schnell zusammen. Wenn ihr euren Wochenspeiseplan besprochen habt, könnt ihr direkt online bestellen und die Einkäufe kommen zu euch nach Hause. Das spart Zeit und Nerven!

Priorisiere Schlaf

„Schlafe, wenn das Kind schläft!“ ist vermutlich der häufigste Ratschlag, den junge Mütter zu hören bekommen, und wird oft parodiert mit: „Soll ich dann auch die Wäsche machen, wenn das Kind die Wäsche macht? Putzen, wenn das Kind putzt?!?“ Auch wenn Mütter hier oft die Augen verdrehen, dieser Ratschlag wird nicht umsonst so oft gegeben, denn in ihm steckt viel Wahrheit und sehr viel Erfahrung. Schlafmangel frisst deine Ressourcen unglaublich schnell auf und katapultiert dein Stresslevel durch die Decke. Schlaf leidet in den ersten Jahren als Mutter ganz besonders unter der Fremdbestimmung durch Kinder. Sie brauchen am Anfang sehr viel Sicherheit und Geborgenheit, um einzuschlafen, durchzuschlafen, selbstständig wieder in den Schlaf zu finden, Ängste loszulassen, Entwicklungssprünge zu überstehen und Krankheiten zu überwinden. Da bist du als Mama außerordentlich gefordert. Abgesehen von nächtlichem Stillen kann dein Partner aber nachts auch Aufgaben übernehmen. Und wenn es nur am Wochenende ist. Denn Schlaf sollte auf deiner Prioritätenliste einen hohen Stellenwert haben. Also auch, wenn du nicht schläfst, wenn das Kind schläft, weil du noch andere Sachen zu tun hast, so achte doch darauf, dass du so viel schläfst, wie nur möglich.

Statt dich abends noch eine Stunde länger zu quälen, um endlich Me-Time oder Paarzeit zu haben, suche nach Alternativen. Sprich mit deinem Partner darüber, dass du den Schlaf aktuell brauchst und ihr euch stattdessen um etwas Zweisamkeit am Wochenende bemühen werdet. Vielleicht kann Oma aufpassen und ihr geht lecker Brunchen oder Abendessen. Statt gähnend eine Stunde nebeneinander in den

Fernseher zu schauen, plant lieber eine wirklich schöne gemeinsame Aktivität. Die Me-Time, die du im Kampf gegen deine Müdigkeit gewinnst, ist keine sinnvoll verbrachte Zeit, die deinen Akku wieder auflädt. Im Gegenteil. Sie raubt dir Schlaf und somit Zeit für Erholung und Regeneration. Finde mithilfe dieses Buches andere (Zeit-) Räume für dich und eure Paarzeit, statt sie von deinem Schlafbedürfnis abzuziehen.

Schlafhygiene

Unser Körper profitiert von Regelmäßigkeit, denn er gewöhnt sich daran und stellt sich darauf ein. Versuche daher jeden Tag zur gleichen Zeit aufzustehen und schlafen zu gehen. Es empfiehlt sich, nicht unmittelbar vor dem Zubettgehen viel zu essen, denn mit vollem Magen schläft es sich unruhig, da das Essen unverdaut im Magen liegen bleibt. Mindestens vier Stunden vorher solltest du auf koffeinhaltige Getränke verzichten. Schaffe dir eine Cool-Down-Phase für die letzten 20–30 Minuten vor dem Schlafengehen, mit der du den Tag zum Abschluss bringst. In dieser Phase solltest du auf helles Licht (auch Fernseher und Handy) verzichten, dich in Ruhe vorbereiten, in einen bequemen Schlafanzug schlüpfen und am besten noch eine Entspannungs- oder Yogaübung machen. Wenn du der Typ Mensch bist, der beim Einschlafen noch grübelt und die To-do-Liste wälzt, dann leg dir einen Notizblock und einen Stift auf dein Nachttischchen. Was dir noch einfällt, kann dort notiert werden. Einmal auf Papier gebracht, ist die Angelegenheit aus dem Kopf und du kannst schlafen. Hast du Probleme (wieder) einzuschlafen, dann wälze dich nach Möglichkeit nicht frustriert im Bett herum, sondern nutze die Zeit zum Lesen, Hörbuch hören oder eine weitere Entspannungsübung. Auf die Uhr schauen und mit jeder Minute frustrierter werden, weil du noch weniger Zeit zum Schlafen hast, ist kontraproduktiv und verschlimmert die Situation. Starte einen erneuten Einschlafversuch, wenn sich Müdigkeit und Entspannung bemerkbar machen.

Achte auf deinen Zyklus

Deinen eigenen Zyklus zu kennen und zu akzeptieren, gibt dir die Chance, deinen Körper in den unterschiedlichen Phasen entsprechend zu unterstützen und ihn so anzunehmen, wie er ist. Dem „Hormonmonster“ können wir nicht entkommen, aber wir können es besänftigen, indem wir es besser kennenlernen und darauf achten, was unser Körper in diesen Zeiten braucht. Um den eigenen Zyklus zu verfolgen, gibt es inzwischen unzählige praktische Apps, die auch körperliche und psychische Symptome erfassen und dir eine tolle Übersicht liefern. Schon bald zeichnet sich ein Muster ab. Ziehende Brustschmerzen während des Eisprungs? Traurigkeit, Müdigkeit und Gereiztheit vor der Regel? Heißhunger während der Periode? Das und vieles mehr ist ganz normal, durch die Ernährung aber auch gut beeinflussbar. Wir haben dir ein paar Tipps mitgebracht, die deinem Körper durch die einzelnen Zyklusphasen helfen:

TIPPS FÜR DEINEN ZYKLUS

Zyklusbeginn
Dein Zyklus beginnt mit dem ersten Tag der Regelblutung. Eine magnesiumreiche Ernährung hilft gegen Krämpfe und Kopfschmerzen. Besonders Nüsse sind gute Energie- und Magnesiumlieferanten. Außerdem enthalten sie Eisen, welches besonders bei starken Regelblutungen Mangelware ist. Neben Fleisch und Nüssen stellen auch Kerne und Vollkorngetreide eine gute Eisenversorgung sicher. Dunkle Schokolade (mindestens 70 % Kakao) leistet dir mit ihrer krampflösenden Wirkung durch das enthaltene Kalium und Magnesium gute Dienste und macht glücklich! Gleiches gilt auch für Bananen.

Erste Zyklushälfte
In Vorbereitung auf den nächsten Eisprung und eine mögliche Schwangerschaft steigt im Körper der Östrogenspiegel stark an. Probiotische Lebensmittel wie Sauerkraut, Joghurt, Kimchi, Kefir, Sojasprossen u. v. m. tragen zu einem gesunden Darm bei und helfen so dem Körper, Hormone besser auszuscheiden.

Eisprung
Der Östrogenspiegel fällt ab, das Gelbkörperhormon steigt. Eine ballaststoffreiche Ernährung mit viel Kalzium (beispielsweise Brokkoli, Rucola, Mohn, Sesam) hilft dir jetzt besonders. Versuche während des Eisprungs auf rotes Fleisch und Milchprodukte zu verzichten, sie sind weniger bekömmlich und belasten deinen Darm, wodurch du dich unwohler fühlst.

Zweite Zyklushälfte/Prämenstruelles Syndrom (PMS)
75 % der Frauen leiden in der Woche vor der Menstruation unter körperlichen Beschwerden, wie leichten Krämpfen, Blähungen, unreiner Haut und Spannungsgefühl in den Brüsten. Außerdem fährt in dieser Zeit ihre Stimmung Achterbahn. Traurigkeit, depressive Verstimmung, Weltschmerz, Reizbarkeit, Aggressivität – der Grat ist schmal. Studien zeigten, dass eine kalziumreiche Ernährung die PMS-Belastung um bis zu 30 % senkt. Kalzium findet sich unter anderem in Kürbiskernen, Mandeln und Haselnüssen. Vitamin-B-haltige Nahrungsmittel, wie Roggenbrot, Haferflocken, Hülsenfrüchte und Bananen, heben die Stimmung merklich. Außerdem enthalten einige dieser Lebensmittel Omega-3-Fettsäuren, die vor Depressionen schützen. Für viele Frauen ist Mönchspfeffer eine Geheimwaffe gegen PMS. Diesen bekommst du beispielsweise in Tablettenform in der Apotheke oder online. Solltest du sehr unter deinem prämenstruellen Syndrom leiden, sprich mit deiner Gynäkologin oder deinem Gynäkologen darüber.

Abgesehen von der Ernährung ist es auch wichtig, deine zyklusabhängigen Bedürfnisse zu kennen und zu kommunizieren. Wenn du vorwiegend an den Tagen vor den Tagen Ruhe brauchst und sehr gereizt bist, dann warne Partner und Kind(er) vor. Hilf ihnen dabei, dir zu helfen, indem du sie darüber informierst, was mit dir passiert und wie du dich dabei fühlst: *„An diesen Tagen im Monat fühle ich mich nicht gut, habe manchmal Schmerzen und bin schlecht gelaunt. Das liegt nicht an euch und geht schnell wieder vorbei. Ich würde mich freuen, wenn ich in dieser Zeit etwas mehr Ruhe bekäme.“*

Bewege dich

Du weißt bestimmt schon, dass Bewegung gesund ist, da erzählen wir dir sicher nichts Neues. Wir wollen dich nur darum bitten, Bewegung aktiv und bewusst in deinen Alltag zu integrieren. Gibt es Wege, die du auch zu Fuß erledigen könntest? Kannst du mit der Freundin spazieren gehen, statt euch im Café zu treffen? Könnt ihr euch einen Kaffee to go holen und unterwegs eine schöne Bank ansteuern, auf der ihr quatschen könnt? Öfter mal die Treppe nehmen? Kinder lieben Bewegung und freuen sich sehr, wenn man neue Dinge mit ihnen ausprobiert. Vielleicht könntet ihr zusammen tanzen? Oder gemeinsam Yoga machen? Über Katze, Kuh, herabschauenden Hund und die kleine Kobra freuen sich die meisten Kinder und machen begeistert mit. Dafür gibt es übrigens auch tolle Yogakarten. Und natürlich gemeinsam nach draußen! Sonne und ganz viel Vitamin D tanken, das macht gesund und hebt die Laune. Lass dich von deinen Kindern inspirieren und in Achtsamkeit unterrichten, denn sie haben noch nicht verlernt, im Moment zu leben, saugen die Welt um sich herum auf und genießen sie. Betrachte die Blätter, sammle Steine und spüre das Kribbeln in deinen Zehen, wenn du sie in den kalten Bach hältst, und die Sonnenstrahlen auf deinem Gesicht, die dir in der Nase kitzeln. Lass dich mitreißen!

BECKENBODENÜBUNG IM ALLTAG

Der weibliche Beckenboden macht ganz schön was mit und verliert mit der Zeit an Spannkraft. Geh deshalb achtsam mit ihm um und aktiviere ihn im Alltag immer wieder. Die meisten stehenden Yoga-Übungen eignen sich dafür sehr gut. Aber auch einfache Alltagshandlungen, wie das Hochheben einer Kiste, kannst du beckenbodenfreundlich oder sogar -aktivierend gestalten. Spanne beim Hochheben den Bauch und den Beckenboden an, geh mit gerader Wirbelsäule in die Knie, statt dich zu bücken, und drücke dich aus der Kraft deiner Beine mit der Kiste hoch. Ebenfalls beckenbodenschonend ist es, wenn du dich morgens im Bett nicht einfach aufsetzt, sondern mit angespanntem Beckenboden auf die Seite rollst und dich mit einer Hand aufstützt, um so auf der Bettkante zum Sitzen zu kommen.

Dein entspannter Geist

Wir hoffen, die bisherigen Werkzeuge konnten dir bereits ein wenig helfen, euren Familienalltag zu entwirren und etwas besser auf deinen Körper zu achten. Nun möchten wir dich dabei unterstützen, einen aufmerksamen Umgang mit dir und deinen Bedürfnissen zu entwickeln. Dein Weg zu Achtsamkeit und Selbstliebe ist der Weg raus aus dem Gedankenkarussell, dem Stress, den Schlafstörungen und dem ständigen Gefühl, überlastet und am Limit zu sein. Das ist doppelt wichtig, denn psychische Belastungen wirken sich nicht nur auf dich, sondern auch auf die ganze Familie aus. Es ist niemandem geholfen, wenn du unter der Last der mannigfaltigen Verpflichtungen zusammenbrichst. Verpflichtungen und Ansichten, die unter anderem aus einem großen Missverständnis erwachsen sind, mit dem wir an dieser Stelle aufräumen wollen: Eine bedürfnisorientierte Erziehung schließt die Bedürfnisse aller Familienmitglieder ein, und nicht, wie fälschlicherweise angenommen, NUR die der Kinder.

BEDÜRFNISORIENTIERTE ERZIEHUNG

Haltungen wie das Attachment Parenting und die bindungs- und bedürfnisorientierte Erziehung sind in den letzten Jahren sehr in die Kritik geraten, da sie die Aufopferung der Mutter begünstigt haben. Heute weiß man, dass Bindung nicht an den Geburtsprozess oder das Geschlecht der Bezugsperson gekoppelt ist. Eine sichere Eltern-Kind-Bindung ist keine Frage von Mann oder Frau, Stillen oder Flasche, Tragen oder Schieben, Familienbett oder Gitterbett. Was wirklich zählt, ist ein feinfühliges, promptes Reagieren auf die kindlichen Bedürfnisse. Und das kann nur leisten, wer auch auf sich und seine eigenen Bedürfnisse achtet.

Das größte Missverständnis ist also, dass es bei bedürfnisorientierter Erziehung ausschließlich um die Bedürfnisse des Kindes geht. Diese sind zweifelsohne vor allem im ersten Jahr zentral und Babys sind für deren Befriedigung von ihren Bezugspersonen abhängig. Die Bedürfnisbefriedigung muss aber nicht ausschließlich an eine Person geknüpft sein. Das ist überhaupt nicht sinnvoll, weder für die Person, die alles allein schultern muss, noch für das Baby, welches ja von vielen liebevollen Bezugspersonen profitiert. Nach dem ersten Lebensjahr ist es an den verantwortlichen Erwachsenen, bedacht abzuwägen, welches Bedürfnis wie dringend ist und daher zuerst erfüllt werden muss: das eigene, das des Partners/der Partnerin oder das des Kindes? Bedacht abwägen deshalb, weil nicht jeder Wunsch eins zu eins das dahinterliegende Bedürfnis widerspiegelt.

Nimm das Gelesene bitte als Ansporn mit, nicht als weiteres Päckchen in deinem Rucksack mit der Aufschrift „Schuldgefühle“. Gräme dich nicht darüber, wie du es vielleicht bisher gemacht hast, sondern richte den Blick nach vorn, wie du es ab jetzt machen kannst und wirst. Wir wissen, wie wichtig du für deine Familie bist, und wollen dir dabei helfen, weiterhin gesund zu bleiben und das Herz deiner Familie zu sein.

Sei die Nummer Eins

Selbstfürsorge ist kein Projekt, sondern eine innere Haltung, eine Lebenseinstellung. Es wird nicht genügen, einige der Tipps aus diesem Buch für ein paar Wochen anzuwenden und zu hoffen, dass dein Akku dann so weit aufgefüllt ist, dass du ein weiteres Jahr im Schnelldurchlauf durchstehst. Du kennst das vermutlich vom Urlaub: Zwei Wochen Strandurlaub reichen nicht aus, um die Erschöpfung der restlichen 50 Wochen zu kompensieren. Dauerhaft hilft, was du verinnerlichst. In diesem Fall die neue Rangfolge auf deiner Prioritätenliste. Erst kommst du. Dann Kind(er) und Partner. Wie es danach weitergeht, Job oder größerer Familienkreis, ist von deinen persönlichen Umständen abhängig, aber auch da lohnt es sich, genauer hinzuschauen, wo die Prioritäten liegen. Häufigster Einwand an dieser Stelle: „Aber die Babys!"

Es stimmt schon. Im ersten Lebensjahr sind Babys ganz besonders abhängig von der Bedürfnisbefriedigung durch ihre nahen Bezugspersonen und kennen noch keinen Bedürfnisaufschub. Das macht das erste Jahr besonders aufreibend und das Wochenbett zu einer Zeit der besonderen Herausforderungen. Auf diese sehr enge Symbiose muss aber nicht unweigerlich die Aufopferung der Mutter folgen. Wie du im Infokasten zur bedürfnisorientierten Erziehung schon gelernt hast, sind Bindung, Bedürfniserfüllung und Fürsorge (abgesehen vom Stillen, so frau denn stillt) nicht ausschließlich an dich als Mutter gebunden. Du kannst dir also im ersten Lebensjahr den ersten Platz auf der Prioritätenliste mit deinem Kind teilen, indem du etwas Verantwortung und einige Verpflichtungen an mindestens eine weitere Person abgibst.

Mit dir selbst auf Platz 1 der Prioritätenliste wird ganz klar: Du bist wichtig. Deine Bedürfnisse sind es wert, erfüllt zu werden. Wir meinen damit nicht, dass sich die Welt ab jetzt nur mehr um dich dreht. Nur, dass du es ebenso verdient hast, umsorgt zu werden, wie auch dein(e) Kind(er), für das/die du das bisher schon ganz wunderbar machst. Gleiches gebührt dir auch, das muss nur noch in deinen Kopf. Folgende Achtsamkeitsübungen helfen dir, in Kontakt mit dir und deinen Bedürfnissen zu treten.

Atme: Starte den Tag mit ein paar ganz bewussten Atemzügen. Verfolge deinen Atem durch die Nase, die Luftröhre hinunter, und spüre, wie er deine Lunge dehnt. Stell dir vor, wie er von dort deinen ganzen Körper erreicht, bevor er sich durch Hals und Mund wieder von dir verabschiedet.

Gedanken ziehen lassen: Stell dir deine Gedanken als Wolken vor, lass Wind aufkommen und schick die Gedanken weiter. Diese Visualisierung eignet sich sehr gut als Einstieg in eine Entspannung.

Warum? Um den Alltag achtsamer zu gestalten, frage dich bei Entscheidungen für dich oder dein(e) Kind(er), warum du dich so entscheidest. So lernst du deine Beweggründe, aber vielleicht auch zugrundeliegende Annahmen oder versteckte Glaubenssätze kennen (→ „Dein ‚inneres Kind'").

Wut umarmen: Wut ist ein wunderbares Signal dafür, dass Grenzen überschritten und Bedürfnisse missachtet wurden. Begrüße die Wut als Frühwarnsystem und betrachte die Umstände genau, die Wut auslösen. Vielleicht kannst du entdecken, welche Grenze überschritten wurde und beim nächsten Mal frühzeitig deine Grenzen schützen (→ „Deine Wut").

Iss achtsam: Spüre dein Essen im Mund und auf dem Weg in den Magen. Wie schmeckt es? Wie fühlt es sich auf der Zunge an? Wie riecht es? Macht es ein Geräusch? Nimm den Moment der Nahrungsaufnahme ganz bewusst wahr und genieße ihn ohne Ablenkung durch TV oder Ähnliches.

Me-Time: Plane Zeit nur für dich ein. Wirklich einplanen, nicht darauf hoffen, dass ausreicht, was sich spontan ergibt. Zeit für dich sollte nach Möglichkeit ein fixer Punkt im Wochenplan sein.

Digital Detox: Hinterfrage deinen Umgang mit Smartphone, Social Media & Co. und schaffe Räume und Zeiten, in denen du eine Pause von ihnen machst. Deaktiviere am Wochenende die Push-Mitteilungen, aktiviere den Flugmodus oder führe einen komplett medienfreien Tag für dich allein oder für euch als gesamte Familie ein.

Me-Time & Digital Detox: Kombiniere diese zwei wundervollen Achtsamkeitsübungen und mach daraus deine Erholungsinsel. Du hast Zeit für dich freigeschaufelt? Wunderbar! Dann Handy aus und ganz im Moment versinken. Versuche diese Power-Kombination einmal pro Woche in deinen Kalender zu schreiben, damit du auch gewiss daran denkst.

Höre klassische Musik: Sie entspannt nachweislich, senkt die Herzfrequenz und den Blutdruck, reduziert die Ausschüttung von Stresshormonen und beruhigt die Atmung.

DENKFALTEN GLÄTTEN

Sorgen und Grübeleien zeigen sich auf unserer Stirn. Nutze das, um die trüben Gedanken zu vertreiben, indem du die Stirn entspannst und von innen nach außen ausstreichst. Nimm dafür Daumen und Zeigefinger und fahre mit sanftem Druck von der Nasenwurzel über die Augenbrauen hinweg Richtung Schläfe. Wandere so bis zum Haaransatz und lass sämtliche Spannung rund um die Augen, die Stirn und die Kopfhaut los.

Liebe dich selbst

Selbstliebe und Selbstfürsorge gehören zusammen. Deine Liebe für dich selbst – und wir meinen nicht die narzisstische, übersteigerte Selbstanbetung – motiviert dich, fürsorglich und achtsam mit dir selbst umzugehen. Akzeptanz statt Ablehnung oder glorifizierte Selbsterhöhung. Akzeptiere, wer du bist und wie du bist. Sag „Ja" zu dir! Schenke dir dieselbe bedingungslose Liebe, die auch dein(e) Kind(er) bekommt/bekommen. Hör auf, an dir selbst herumzukritisieren und sei nachsichtig und gütig mit dir selbst. Kleide dein neues Lebensgefühl und deine Liebe für dich selbst in neue Worte und Sätze:

- *Ich bin wertvoll.*
- *Meine Bedürfnisse sind wichtig.*
- *Ich achte auf mich.*
- *Ich kümmere mich um meine Familie, mich eingeschlossen.*
- *Ich bin gut zu mir.*
- *Ich darf Fehler machen.*

Binde diese Sätze in dein positives Selbstgespräch ein oder schreibe sie auf Notizzettel, die du am Spiegel oder Kühlschrank anbringst oder in deinem Geldbeutel mitführst, damit du diese Worte immer wieder vor Augen hast. Und nimm Komplimente anderer an und in dein Selbstgespräch mit auf, statt sie abzuwiegeln und kleinzureden. Stell dein Licht nicht unter den Scheffel! Du musst auf ein Kompliment nicht gleich mit *„Ja, stimmt, ich bin schon toll!"* antworten. Aber ein nettes *„Vielen Dank, ich freu mich, dass du das bemerkt hast"* oder *„Danke, ich gebe mir auch große Mühe"* ist viel wertschätzender der lobenden Person und dir selbst gegenüber.

Hast du Schwierigkeiten damit, dich selbst zu akzeptieren und/oder positive Gedanken zu finden, dann bitte eine dir nahestehende Person um Hilfe. Dein Partner oder deine beste Freundin haben bestimmt eine Menge gute Dinge über dich zu berichten.

Grenze dich ab

Zur Selbstfürsorge gehört nicht nur die Selbstliebe, sondern auch der Selbstschutz. Diese beiden Aspekte bedingen sich: Man schützt, was man liebt. Und zwar vor negativen Einflüssen von außen. Wir sind uns ziemlich sicher, dass dein Kopf ganz oft damit beschäftigt ist, Schaden – ob körperlich oder geistig – von deinen Kindern fernzuhalten: nicht altersgerechte TV-Inhalte, zu hohe Klettergerüste, Freundschaften, die ihnen nicht guttun. Solche Gedanken rattern in elterlichen Köpfen. Und wie schützt du dich? Was ist mit der Freundin, die immer noch irgendetwas will und nie etwas gibt? Oder die eine Freundschaft, die nur noch durch dein Hinterhertelefonieren aufrechterhalten wird? Und was machst du mit dem Arbeitskollegen, der irgendwie dauernd früher gehen muss und dich ständig um den Gefallen bittet, noch etwas für ihn fertig zu machen? Gibt es in deinem Leben Menschen, die dir die Energie rauben, die deine Familie und du selbst so dringend braucht? Gibt es Begegnungen, nach denen du dich immer besonders schlapp fühlst oder sogar auffällig oft Kopfschmerzen hast?

Dann sag „NEIN“ und „TSCHÜSS“ – kleine Worte mit enormer Wirkung!

Lass Energievampire ziehen und schenke den Menschen Kraft und Aufmerksamkeit, die dich zu schätzen wissen, beziehungsweise darauf angewiesen sind, dass du dich kümmerst. Die dich brauchen und denen gegenüber du gern gelassen und entspannt wärst. Was du dir dafür unbedingt klarmachen musst: Du bist NICHT verantwortlich für erwachsene Mitmenschen. Jeder und jede ist für sein oder ihr Wohlbefinden selbst verantwortlich. Genau wie du. Wir wissen, dass es schwer ist, anderen Wünsche abzuschlagen und „Nein“ zu sagen.

Dein 4-Schritte-Plan auf dem Weg zum „Nein"

Schritt 1: Die Not-to-do-Liste

Bitte denke mal darüber nach, ob es immer wieder Dinge gibt, bei denen du dich nicht wohlfühlst, die dir viel Kraft und Energie rauben, gar nicht in dein Aufgabengebiet und deine Zuständigkeit fallen oder die du immer mit einem großen Widerwillen tust, nur um gemocht zu werden oder niemanden vor den Kopf zu stoßen. Und dann nimm diese Tätigkeiten, Gefallen, Aufgaben und Leistungen und schreib sie auf. Fertige daraus eine Liste der Dinge an, die du künftig nicht mehr tun willst oder aus Prinzip nicht tust.

Vielleicht passt du ungern auf die Haustiere anderer auf. Vielleicht willst du auch keine Kuchen mehr für Familienfeste backen, weil die Schwiegermutter immer eine dreistöckige Torte hinstellt und du die Hälfte von deinem Kuchen wieder mitnehmen musst. Egal was, schreib es auf diese Liste, denn du entscheidest, was du mit deiner Zeit und deiner Kraft anfängst und was nicht.

Schritt 2: Nichts übers Knie brechen

Verschaffe dir einen zeitlichen Puffer. Lass dich, wann immer möglich, nicht zu einer sofortigen Antwort drängen. Nimm dir die Zeit, in dich zu gehen, das Für und Wider abzuwägen und deinen Energiehaushalt zu überprüfen. Du könntest beispielsweise sagen:

- *Ich gebe dir zeitnah/heute Abend/später Bescheid, ob ich dafür Zeit finden werde.*
- *Dafür muss ich zu Hause den Kalender zurate ziehen und schauen, was in dieser Woche noch ansteht.*
- *Aktuell ist bei uns viel los. Ich muss mir gut überlegen, ob ich das schaffen werde.*
- *Das muss ich noch mit meinem Mann besprechen.*
- *Puh, da hast du mich gerade kalt erwischt. Ich lass es mir durch den Kopf gehen und melde mich am Nachmittag bei dir zurück.*

Indem du in Ruhe darüber nachdenkst, kannst du – möglicherweise wirklich in Rücksprache mit deinem Partner – entscheiden, ob du aktuell freie Ressourcen hast, um beispielsweise der Freundin beim Umzug zu helfen. Oder ob das keine gute Idee ist, weil gerade sowieso viel ansteht. Im zweiten Fall kannst du dann auch ohne Druck darüber nachdenken, wie du dein „Nein“ formulierst. Vielleicht überlegt sich die fragende Person in der Zwischenzeit auch einen Plan B oder dein Einspringen wird gar nicht mehr benötigt, weil durch deine Verzögerung die Person selbst in die Verantwortung genommen wurde, statt sie an dich abzugeben.

Schritt 3: „Nein“ sagen

Nun hast du dir überlegt, was du nicht mehr tun willst und/oder dir bei einer Anfrage die Zeit genommen, abzuwägen, ob du „Ja“ sagen willst, weil du die Ressourcen hast und die Kosten eines Jas tragen kannst. Oder ob du lieber „Nein“ sagen möchtest, weil dir aktuell Zeit, Kraft oder die Lust dazu fehlen. Letzteres ist übrigens auch total legitim. Dann ist es jetzt Zeit für dein „Nein“. **Ein liebevolles „Nein“ zu anderen ist ein „Ja“ zu dir selbst.** Aber keine Sorge, es muss kein unhöflich hingeknalltes „Nein“ sein. Überhaupt nicht. Du könntest auch einen Alternativvorschlag machen, mit dem du zeigst, dass dir dein Gegenüber und sein Anliegen nicht egal sind, du aber trotzdem deine Bedürfnisse im Blick hast. Wenn es ein Punkt auf deiner Not-to-do-Liste ist, ist jetzt der Zeitpunkt, bekannt zu geben, was du generell nicht tust. Wenn du beispielsweise in einer Bank als Beraterin für Aktien und Fonds arbeitest, könntest du ablehnen, Freunde in dieser Weise zu beraten, weil du Berufliches und Privates aus Prinzip nicht vermischen möchtest. Das ist dann nicht unhöflich und kann vom Gegenüber auch nicht persönlich genommen werden, da es sich um ein Prinzip handelt, welches für dich und dein Handeln generell gilt. Absagen können auch wertschätzend und höflich formuliert sein. Wir haben ein paar mögliche Formulierungen für dich zusammengetragen:

- *Es tut mir leid, dass ich dir dabei nicht helfen kann. Aktuell fehlt mir dafür die Zeit/Kraft.*
- *Beim Umzug helfen ist mir leider nicht möglich, aber ich komme gerne mittags vorbei und bringe euch etwas zu essen!*
- *Nein, tut mir leid, so etwas tue ich prinzipiell nicht.*
- *Nein, ich bedaure, dafür bin ich die falsche Person. Frag doch bitte XY.*
- *Die letzten Wochen waren sehr anstrengend und ich brauche ein Wochenende Ruhe und Erholung. Bitte verschieben wir euren Besuch/den Ausflug etc.*
- *Ich schaffe es nicht, selbst gemachte Salate/Muffins/Kuchen mitzubringen, fahre aber gerne vorher noch im Supermarkt vorbei und bringe Getränke mit.*

Schritt 4: Aushalten und üben

Manchmal, besonders zu Beginn, wirst du dich nach einem „Nein“ komisch und unwohl fühlen. Vermutlich schleicht sich die Angst an, du könntest nun von deinen Mitmenschen abgelehnt werden oder sie verärgert haben. Mit der Zeit wirst du aber spüren, dass das in der Regel nicht der Fall ist und die meisten Menschen durchaus die Grenzen anderer Personen respektieren. Sie werden sogar dein „Ja“ von jetzt an mehr zu schätzen wissen, weil es nicht mehr selbstverständlich ist. Und mal ganz ehrlich: Brauchst du Menschen in deinem Umfeld, die es dir übel nehmen, wenn du auf dich und deine Familie schaust? Wenn du hin und wieder „Nein“ sagst und deine Energiereserven schützt? Die es dir nicht „nachsehen“, dass es im Leben mit Kindern, egal welchen Alters, Herausforderungen gibt und du zeitweise weniger verfügbar bist? Solchen Menschen sagst du „Tschüss!“

Deine Haltung

Bekenntnis einer unperfekten Mutter von Nora Imlau (2021)

Ich habe keinen Reis gefärbt
für dich, für dich mein Kind.
Und Seifenblasen nicht gemacht,
die dann gefroren sind.

Ich habe dir kein Haus gebaut
aus einem Pappkarton.
Ich bin zu müde und ich guck
zu viel ins Telefon.

Meist hängen wir hier halt so rum.
Du spielst. Ich sitz dabei.
Es gibt ja keinen Kurs und nichts.
Es gibt ja nur uns zwei.

Du schüttest in der Badewanne
Wasser hin und her.
Ob das als echtes Schüttspiel gilt
bezweifle ich doch sehr.

Und klar hast du schon ferngeseh'n.
Und klar kennst du Kakao.
Und klar ist der nicht zuckerfrei.
Und nicht vegan, genau.

Und fühl ich mich mal wieder schlecht
weil's all das hier so gibt.
Dann sehe ich dich an und denk:
Hauptsache geliebt.

Wir beginnen mit einer kleinen Zeitreise. Denke jetzt bitte an den letzten Kindergeburtstag, den du ausgerichtet hast? Egal ob es der erste oder der zwölfte war. Versetze dich zurück.

Hast du die Einladungen selbst gebastelt, oder einfach ein paar Postkarten gekauft? Gab es einen Kuchen aus einer Backmischung oder die dreistöckige Torte mit den Lieblingshelden deines Kindes? War der Tisch mit Luftballons und Luftschlangen geschmückt oder mit thematisch abgestimmter Deko – von der Serviette bis zum Trinkbecher? Haben die Kinder Topfschlagen gespielt oder hast du eine aufwendige Schatzsuche organisiert? Hast du alles per Foto dokumentiert, oder dich auch mal zurückgelehnt und dir auf die Schulter geklopft dafür, dass du dieses tolle Kind zur Welt gebracht hast? Und am wichtigsten: Wie hast du dich dabei gefühlt?

Jetzt gehen wir noch ein wenig weiter zurück. Denke an einen deiner eigenen Kindergeburtstage. Woran erinnerst du dich? An die Deko?

Die Fotos? Den Kuchen? Wahrscheinlich nicht. Denn es geht an solchen Tagen doch nicht um die größte Torte, das ausgefallenste Motto und die engagierteste Mama – sondern um Liebe, Freude und ein warmes Gefühl im Bauch, an das man sich gerne erinnert.

Ja, das ist ein bisschen viel Klischee! Nicht alle haben schöne Erinnerungen an die Geburtstage in der Kindheit. Und das ist natürlich kein alltägliches Beispiel. Was es aber sehr schön illustriert, ist, dass wir in einer Leistungsgesellschaft leben, in der der Perfektionismus bis in unsere Familien gedrungen ist. Es wird erwartet, dass wir „liefern", in allen Bereichen unser Bestes geben und darüber hinausgehen. Nicht nur an besonderen Tagen, auch im Alltag.

Wir verinnerlichen diese Einstellung schon von Kindesbeinen an, die eine mehr, die andere weniger. Wie stark wir uns bemühen, alles richtig oder noch besser zu machen, hängt zum einen von unserer genetischen Ausstattung ab. Zum anderen von unserer Sozialisation und vor allem davon, wie wir erzogen wurden. Einer Studie der Zeitschrift GEO zufolge erkennen zwei Drittel der Menschen hierzulande bei sich selbst perfektionistische Tendenzen. Und das trifft sicher nicht nur auf Deutschland zu, wenn auch vielleicht in besonderem Maße.

Ein Teil der Perfektionisten kommt gut damit zurecht, lässt Fehler zu und achtet bei allem Engagement auch auf die eigenen Bedürfnisse. Der andere Teil leidet. Menschen, die einen sogenannten dysfunktionalen Perfektionismus leben, werden davon zu sehr eingenommen: Sie kontrollieren alles exzessiv, sind unfähig, Aufgaben zu delegieren und planen übermäßig. Ihr Perfektionismus geht oft einher mit starken Versagensängsten. Erkennst du dich in dieser Beschreibung wieder? Fühlst du dich ertappt? Musst du nicht! Es geht nicht darum, dich bloßzustellen, sondern wir wollen dir aufzeigen, wie sehr uns der Wille, perfekt zu sein, in alle Bereiche verfolgt. Du bist nicht die einzige Mutter, die schon Wochen vor einer Familienfeier beginnt zu planen und vorzubereiten und dabei Schweißperlen auf der Stirn hat. Wenn du das alles gern machst: „Go for it!“ Wenn dir aber eigentlich wirklich alles zu viel ist, dann lass es!

Wahrscheinlich bist du schon immer ein Mensch, der vollen Einsatz zeigt, makellose Ergebnisse erwartet und sehr selbstkritisch ist. Das hat vielleicht auch ganz ordentlich funktioniert, bevor du (ein) Kind(er) hattest – im Berufsleben wird diese Haltung hochgeschätzt. Oder es war dir schon immer zu viel, du konntest dich aber nicht von den (vermeintlichen) Erwartungen freimachen? Besonders aktiven, leistungsorientierten Menschen fällt das schwer.

FALSCHE VORSTELLUNGEN, DIE DU SOFORT STREICHEN KANNST

Eine perfekte Mutter ...
- denkt immer und zuerst an die Kinder, ganz zuletzt an sich.
- opfert sich für ihre Familie auf.
- kocht immer selbst.
- hat einen sauberen, aufgeräumten Haushalt.
- stillt ihr Baby.
- schimpft nie und hat immer gute Laune.
- bastelt gerne.
- jammert nie über ihre Aufgaben.
- ist nie überfordert oder überfragt.
- und so weiter und so fort.

Dir fallen bestimmt weitere Sätze ein, die völlig überzogen sind, aber dennoch in deinem Kopf herumspuken.

Seit du Mutter bist, haben sich deine Aufgaben und auch deine Verantwortung vervielfacht. ALLES IMMER RICHTIG zu machen ist schon allein deshalb nicht mehr möglich. Und wer bestimmt überhaupt, was „richtig“ ist? Du kannst dem Mütterideal, von dem wir bereits geschrieben haben, nicht entsprechen. Niemand leistet

100 % im Job, hat einen makellosen Haushalt, ist eine sich stets kümmernde Partnerin und Mutter, die immer Zeit und Muße für ihre Kinder hat und ihnen stets das Beste vom Besten bietet. Das soll auch niemand. Orientiere dich an der Realität, nicht an überzogenen Idealen! Die Angst, einen Fehler zu machen, resultiert oft aus deinem Wunsch, anderen „zu gefallen“ und deren (vermeintlichen) Ansprüchen gerecht zu werden. Du möchtest in deiner Mutterrolle möglichst unantastbar sein, keine Kritik auf dich ziehen. Das ist verständlich, aber nicht gesund. Richte den Fokus auf dich, nicht auf andere. Dann kannst du deren Meinung, vor der du dich (unbewusst) fürchtest, auch besser aushalten.

Hinzu kommt ein weiterer Punkt, der perfektionistischen Eltern das Leben besonders schwer macht: die Kinder. Kinder bedeuten Chaos und Fremdbestimmung. Im Guten wie im Schlechten. Gepaart mit Perfektionismus ist das eine explosive Mischung, die für Unzufriedenheit auf allen Seiten sorgt.

EIN UNPERFEKTES VORBILD SEIN

Die perfekte Mutter zu sein ist überhaupt nicht erstrebenswert!

Bist du gern von perfekten Menschen umgeben? Wie würdest du dich fühlen, wenn dein Partner nie Fehler machen würde? Wenn deine Kinder alles richtig machen würden? Deine Freundinnen und Freunde immer alles zu hundert Prozent im Griff hätten? Willst du das denn? Dir wäre wahrscheinlich unbehaglich zumute. Denn niemand ist so. Wir wollen uns mit Menschen umgeben, nicht mit Robotern.

Fehler machen ist richtig und wichtig, um Frustrationstoleranz zu lernen, sich mit allen „Schwächen“ zu akzeptieren und den eigenen Weg zu finden. Lebe das deinen Kindern vor. Zeig ihnen, dass niemand perfekt ist und du das auch nicht erwartest. Vielleicht können sie dann irgendwann entspannter an die Planung der Kindergeburtstage deiner Enkel gehen.

Denn Perfektionismus kann krank machen. Der Stresslevel stark perfektionistischer Menschen ist hoch, sie sind oft unzufrieden, auch in der Partnerschaft. Sie sehen nur ihr „Versagen“ statt der vielen Erfolge, fühlen sich schnell angegriffen und sind permanent im „Funktionieren“-Modus. Dass das nicht gesund ist, liegt auf der Hand. Trotzdem überlasten sich Perfektionisten oft lange, bis sie bemerken, dass etwas schiefläuft.

„An der Tür des Spielzimmers der Mutter-Kind-Klinik, die ich mit meinem Sohn aufgrund einer Wochenbettdepression besuchte, hing ein Poster: ‚Gut genug‘. Sein Inhalt: Auch Fläschchen sind gut genug, du musst nicht stillen (oder umgekehrt). Auch Gläschen sind gut genug, du musst den Brei nicht selbst kochen. Und so weiter. Jeden Tag, wenn wir mit unseren Kindern dort saßen, sahen wir, dass es reicht, wenn wir „gut genug“ sind, statt perfekt. Denn damit hatten wir alle zu kämpfen. Und es jeden Tag zu sehen und zu hören, war Balsam für die Seele. Ich sage es mir auch jetzt noch immer wieder, wenn die innere Erwartungshaltung zu groß wird.“

Katja, Mutter zweier Töchter (4 und 2)

Das Fatale: Die Medien gaukeln uns diese perfekte Zuckerwatte-Welt jeden Tag vor. Doch das sind nur Ausschnitte! Wir erhaschen nur einen kurzen Blick in das Leben der anderen und zwar auf den Moment, den sie besonders gerne herzeigen wollen, auf den sie stolz sind, der ihnen das Gefühl gibt, genau den Erwartungen, die so gefährlich sind, zu entsprechen.

ACHTUNG VOR „ERZIEHUNGSTRENDS"!

In Sachen Säuglingspflege, Kindererziehung und Ernährung gibt es immer wieder Strömungen, die sich besonders über die sozialen Medien verbreiten. Dadurch entsteht schnell der Eindruck, dass „alle das jetzt so machen" oder dass dies oder jenes „das Beste" für dein Kind sei. Manchmal wird die eigene Meinung ziemlich engstirnig verfochten. Lass dich davon nicht beeindrucken und prüfe, was dir und euch gut tut. Aktuelle Beispiele für Trends dieser Art sind eine windelfreie Erziehung und Baby led weaning (BLW), also ein breifreier Beikoststart und eine vom Baby geführte Entwöhnung von der Brust. Wir wollen an dieser Stelle nicht die Methoden an sich kritisieren, sondern dich um einen achtsamen Umgang damit bitten. Denn nicht selten sind diese alternativen Wege auch mit einem erhöhten Energie- und Zeitaufwand verbunden. So kann eine windelfreie Erziehung bedeuten, dass bis in den 8. Lebensmonat hinein nachts mehrfach abgehalten werden muss. Wenn Entspannung und Erholung schon Mangelware sind, kann das schon mal zu viel werden. Dann vielleicht tagsüber aufmerksam für die kindlichen Signale sein und abhalten und nachts zur Erholung aller doch die supertrockenen Wegwerfwindeln oder zumindest Stoffwindeln? Vielleicht nur zu Hause matschig gekochte Karottensticks anbieten und für unterwegs doch mal ein Gläschen einpacken? Finde zwischen bedürfnisorientierter, artgerechter Erziehung, Wegwerfwindeln, Breigläschen, Tragetüchern und Kinderwägen den Weg, der zu euch passt.

Gut genug statt perfekt

Du musst nicht perfekt sein, sondern gut genug. Das gilt ab heute auch für dich. Da es aber ein ganzes Stück Arbeit ist, den Perfektionismus ziehen zu lassen, der dich womöglich schon sehr lange begleitet, geh die Sache langsam an und hab Geduld mit dir selbst. Mit den folgenden Tipps gelingt dir das Stück für Stück:

1. **Hör auf, dich zu rechtfertigen**, wenn etwas nicht so geklappt hast, wie du wolltest. Vor anderen (denen es wahrscheinlich gar nicht aufgefallen ist), aber vor allem vor dir selbst. Das Bad ist schon zu lange nicht geputzt? Na und! Es wird genau NICHTS passieren.
2. **Hör auf, dich zu vergleichen**. Das Kind der Nachbarin hat nie Flecken auf der Kleidung, deine Nichte knabbert nur selbst gemachte, zuckerfreie Snacks, der Kindergartenfreund hat noch nie ferngesehen? Eher unwahrscheinlich. Und wenn doch? Was wird passieren, wenn es bei euch anders ist? NICHTS.
3. **Hinterfrage deine Glaubenssätze** und berate dich mit deinem „inneren Kind". (→ „Dein ‚inneres Kind'"). Woher kommt der Perfektionismus? Wer hat von dir solche Höchstleistungen erwartet? Wurdest du für Fehler schlimm bestraft? Es lohnt sich, den Ursachen auf den Grund zu gehen – um die Auswirkungen abmildern zu können.
4. **Baue (zeitliche) Puffer ein**, bei Dingen, bei denen du keine Abstriche machen kannst oder willst. **Setze realistische Ziele** und gib einen Teil der Verantwortung dafür ab. Wenn dir beispielsweise ein großes gemeinsames Abendessen sehr am Herzen liegt, dann schau, ob du Gerichte findest, die du vorkochen kannst, oder ob dein Partner es so einrichten kann, dass er zu Hause ist, wenn du kochst. Oder greif auf Eingefrorenes zurück, auf Fertiggerichte – wenn es dir um den gemeinsamen Akt geht, reicht das dicke. (Sonst übrigens auch.) Oder wechsle dich mit deinem Partner beim Kochen ab.
5. **Setze Prioritäten**: Was ist dir wichtig? Was ist euch als Familie wichtig? Vielleicht kannst du mit dem dreckigen Bad überhaupt nicht leben. Dann hat das Priorität. Dafür ist es dir egal, wenn euer Wohnzimmer unaufgeräumt ist. Vielleicht legst du großen Wert auf Bio-Zutaten beim Kochen, dafür ist der Rasen einen Meter hoch. Vielleicht brauchst du Ordnung, um dich wohlzufühlen, vielleicht hast du aber ein viel besseres Gefühl, im Chaos zu sitzen und einen Familien-Kino-Abend zu veranstalten. Ihr

macht die Regeln, was sich für euch als Familie gut anfühlt. Solange ihr damit niemandem weh tut, lebt euer Leben. Und lacht gemeinsam darüber, wenn der Kuchen im Ofen verbrennt oder das Unkraut euren Vorgarten überwuchert. Kleine Fehler sind charmant, bewahrt sie euch. Und auch die großen – sie machen euch zu Menschen.

6. **Verlagere deinen Perfektionismus** in ein Gebiet, in dem er dir leichter fällt. In eine Perfektionismus-Insel. Vielleicht kannst du bei deinem Hobby dein Leistungsbedürfnis stillen, oder im Job?
7. Wenn es dir besonders schwerfällt, **gönne dir Chaos-Inseln**. Das sind ausgewählte Plätze, wie der berühmte Wäschestuhl im Schlafzimmer oder die Krimskrams-Schublade in der Küche. Lerne das überschaubare Chaos zu akzeptieren, dann klappt es irgendwann auch mit dem großen Chaos des Lebens.
8. **Hinterfrage die Bilder**, die du von anderen Familien hast. Mache dir klar, dass du nie das ganze Bild siehst, sondern immer nur Teile.
9. **Kommuniziere deine Normalität**. Wenn du dich mit anderen Müttern oder Vätern triffst, erzähle, dass es heute nur Tütensuppe gab und die Kinder eine Stunde vor dem Fernseher saßen. Dass du seit Wochen nicht den Boden gewischt hast. Du wirst sehen, dann traut sich die eine oder der andere auch, davon zu erzählen, dass sie oder er nicht perfekt ist. Gebt euch gegenseitig Halt und Anerkennung. Sei authentisch – dann bist du glücklicher, als wenn du dich immer verstellen musst, nur um nach außen eine Fassade aufrechtzuerhalten. Jeder hat andere Dinge, die irgendwie nicht rund laufen. Verurteile weder dich noch andere Eltern dafür.
10. **Sei stolz auf deine Erfolge**. Lass deinen Tag am Abend Revue passieren: Was war heute gut? Wann hast du einen richtig guten Job als Mama gemacht? Welche Momente mit deinem Kind oder deinen Kindern haben sich richtig gut angefühlt?

Sätze, die dich im „Gut-genug-Sein“ unterstützen:

- *Ich bin gut genug, so wie ich bin.*
- *Für uns ist das genau richtig.*
- *Ich gebe meist mein Bestes, und manchmal auch nicht. Das ist okay. Niemand hat immer gleich viel Energie.*
- *Ich darf Fehler machen. Fehler bringen mich weiter.*
- *Kinder brauchen keine Perfektion, sie brauchen Liebe.*
- *Was die anderen machen, ist für mich nicht relevant.*

Streiche dafür Sätze mit *„Ich sollte …“, „Ich müsste …“, „Ich könnte …“* aus deinem Sprachgebrauch.

Eure Familienregeln

Im Tipp „Setze Prioritäten“ ist es schon angeklungen: Es gibt Dinge, die sind besonders wichtig, und wieder andere, die verhandelbar und flexibel sind. Manche Verhaltens- oder Ernährungsweisen sind dir für dich und deine Familie besonders wichtig, an ihnen soll nicht gerüttelt werden. Sie kommen in eure Familienregeln, ebenso wie Werte und Grundsätze, die ihr für unantastbar haltet, aber auch Kleinigkeiten, wie der immer zugeklappte Klodeckel. Ihr macht die Regeln, eure Familienregeln. Sie sind deine Richtschnur, an der du dich orientieren kannst, die du gegen die nagenden Schuldgefühle ins Feld führen kannst und die dir helfen, anderen zu vertrauen, wenn du einen Teil der Verantwortung abgibst. Denn du kannst sicher sein, dass sie wissen, was dir wichtig ist.

DIE FAMILIENREGELN FESTLEGEN

Bevor du mit deinem Partner darüber diskutierst, setze dich in einem ruhigen Moment hin und schreibe eine Liste. Zähneputzen muss sein, aber unbedingt im Bad? Verhandelbar oder nicht? Kein Zucker? Verhandelbar oder nicht? Nur 30 Minuten Medienzeit am Tag? Verhandelbar oder nicht? Mittagsschlaf immer zur gleichen Zeit? Verhandelbar oder nicht? Diese Beispiele sind willkürlich gewählt, vielleicht geht es bei dir um ganz andere Dinge. Lies dir deine Liste am Ende noch einmal durch. Kannst du benennen, warum dir diese Punkte so wichtig sind? Es geht nicht darum, dich zu rechtfertigen. Sondern darum, zu erkennen, ob sie wirklich so essenziell sind, oder ob vielleicht versteckte Glaubenssätze oder Ähnliches dahinterstecken. Hinterfrage das. Hast du deine Liste für dich bereinigt, setz dich mit deinem Partner zusammen, der vorher im Idealfall auch eine solche Liste erstellt hat. Und dann: **Redet darüber.**

Vielleicht sind dir einige Dinge nicht so wichtig wie deinem Partner und umgekehrt – aber wenn sie sich nicht komplett entgegenstehen oder widersprechen, dann ist es sehr wertschätzend, sich dem oder der anderen zuliebe daran zu halten. So können sich alle sicher fühlen, wenn sie Verantwortung abgeben.

Die Liste, die am Ende dabei herauskommt, hat nicht nur für euch beide Gültigkeit, sondern ist auch wichtig, wenn andere Helfende einspringen. Oma oder Opa, Babysitterinnen oder gute Freunde usw. Ihr wisst jetzt, dass ihr uneingeschränkt dahintersteht bzw. die Liste gut ausgehandelt habt. Kommuniziert das klar und begründet knapp, warum euch diese Punkte so wichtig sind. Bei anderen Dingen könnt ihr dann gelassen sein und Ausnahmen oder Abweichungen erlauben. Übernimmt eine weitere Person größere Aufgaben in eurer Familie, dann kann das Familienregelwerk auch mit ihr abgestimmt werden, beispielsweise wenn die Oma großen Anteil an der Kinderbetreuung hat. Bedenke auch, dass das Familienleben stetem Wandel unterliegt und eure Regeln daher immer mal wieder angepasst werden müssen.

Erinnere dich dafür auch noch mal an die Übung „Annahmen überprüfen“ aus dem Kapitel → „Aus der Mücke KEINEN Elefanten machen“. Darin hatten wir dich gebeten, besonders die Annahmen über die Welt, die ein MAN enthalten, zu hinterfragen. Nutze das auch für deine Familienregeln, denn am Ende solltest du sagen können: „WIR machen das so.“

Dein „inneres Kind“

„Ich lag neben meinem Sohn, der einfach nicht einschlafen wollte. Etwas über eine Stunde ging die Einschlafbegleitung nun schon und ich spürte es in mir brodeln und toben. Als er sich zum wiederholten Male aufsetzte und noch mal etwas zu trinken haben wollte, spürte ich plötzlich den Drang, ihn niederzuwerfen und anzuschreien, dass er gefälligst schlafen solle. Stattdessen stürmte ich ohne jedes Wort aus dem Zimmer und ließ ihn erschrocken und weinend zurück. Der Drang, meinem Kind wehzutun, hatte mich selbst so erschreckt, dass ich noch in derselben Woche einen Psychotherapietermin vereinbarte und glücklicherweise auch in der darauffolgenden Woche die erste Stunde hatte. Bald war klar: In mir tobte ein Sturm. Mein ‚inneres Kind‘ verzweifelte und wütete angesichts der liebevollen Mama-Sohn-Zeit am Abend. Das war genau das, was mir als Kind gefehlt hatte. Diese Jahrzehnte lang unbeachtete Wunde klaffte nun sperrangelweit und wollte endlich geheilt werden. Oder zumindest gesehen.“

Leonie, Mutter eines Sohnes (2)

Muttersein bedeutet nicht nur, ein Kind in sich wachsen zu spüren, es zur Welt zu bringen und es dann im Aufwachsen zu begleiten. Es bedeutet nicht nur, als Familie neu zusammenzuwachsen und deine Rolle als Mutter anzunehmen. Es bedeutet in der Regel auch ein Auseinandersetzen mit der eigenen Kindheit und der eigenen Mutter beziehungsweise den eigenen Eltern. Im Zuge dieser Auseinandersetzung können als wertvoll erachtete Umgangsformen aus der

Kindheit identifiziert werden, die man seinen Kindern gerne mitgeben möchte, es kann aber auch krachen. Besonders wenn man versucht, bedürfnisorientiert zu erziehen, ohne dass man selbst so erzogen wurde. Dann fehlt nicht nur das Vorbild für diese Weise, ein Kind zu begleiten. Es kann zum Beispiel durch eine sehr autoritäre Erziehung auch zu Verletzungen, Gefühlen der Hilflosigkeit, andauernden Grenzüberschreitungen oder im schlimmsten Fall Traumatisierungen gekommen sein, die lange Zeit tief in dir drin in einer kleinen Schachtel in der Abstellkammer deiner Psyche versteckt waren und sich nun Bahn brechen. Diese Anteile deiner Persönlichkeit, die deiner Kindheit entstammen, können als „inneres Kind" bezeichnet werden. Dort ist abgespeichert, wie die Welt und das Leben funktionieren. Das „innere Kind" ist eine psychotherapeutische Methode der absichtlichen Ich-Spaltung, um zu den Gefühlen, Erinnerungen und Erfahrungen aus der eigenen Kindheit Zugang zu erhalten und sie mit dem reflektierenden erwachsenen Ich zu bearbeiten. Indem man diesen Gefühlen, Zuständen und Annahmen eine eigene Identität zuweist, ein kleines Kind, kann man mit diesem Kind in Kontakt treten und mit ihm, also sich selbst, kommunizieren.

Es ist nie zu spät für eine glückliche Kindheit

Diesen meist Erich Kästner zugesprochenen Satz hast du bestimmt schon mal gehört. Er kann zweierlei bedeuten: Du darfst auch als erwachsene Person deine fröhlichen kindlichen Seiten einladen, zulassen und ausleben. Sie stellen eine wertvolle Ressource dar, aus der du schöpfen kannst. Und du kannst dein „inneres Kind" heilen, indem du ihm heute gibst, was es damals vielleicht nicht bekommen hat. Du kannst dir selbst die emotionale Zuwendung, Liebe und Wertschätzung geben, die dir als Kind eventuell gefehlt hat und nach der du dich bis heute sehnst. Warum das wichtig ist, erklärt die Entwicklungspsychologie: Bis in die Gegenwart bestimmen Erfahrungen aus unseren frühen Jahren darüber, wie wir denken, fühlen und handeln.

In dieser Zeit entstehen die Glaubenssätze, die wir bereits erwähnt haben. Sie beschreiben deine Sicht auf die Welt, auf Beziehungen und auf dich selbst. Sie sind deine gelernten Muster.

GLAUBENSSÄTZE

Glaubenssätze entstehen aus persönlichen Erfahrungen, die durch Wiederholungen zu Regeln oder Annahmen werden. Regeln sind es dann, wenn ihnen ein Zusammenhang aus Ursache und Wirkung zugrunde liegt; Annahmen dann, wenn eine Erfahrung verallgemeinert wird. Da Glaubenssätze meist in unserer Kindheit entstehen, sind sie stark mit dem „inneren Kind" verknüpft. Und auch wenn sie durch die Popularität der Arbeit am „inneren Kind" etwas in Verruf geraten sind (dort geht es meist um negative Glaubenssätze), so sind diese Annahmen doch eigentlich sehr wichtig für unser Leben, denn sie verleihen ihm Stabilität und Sicherheit. Eine gewisse Vorhersehbarkeit und Planbarkeit, mit der wir uns wohler fühlen. Doch es gibt auch Annahmen, meist auf die eigene Person bezogen, die uns einschränken, unserer Persönlichkeitsentfaltung und der Mutter, die wir sein wollen, im Weg stehen. Diese gilt es zu identifizieren und zu bearbeiten.

Beispiele für
... negative Glaubenssätze:

- *„Ich bin nichts wert."*
- *„Ich bin anderen immer im Weg."*
- *„Ich bin eine Last."*

... positive Glaubenssätze:

- *„Ich mag mich."*
- *„Meine Meinung ist relevant."*
- *„Ich kann das."*
- *„Mein Wert ist unabhängig von meiner Leistung."*
- *„Ich habe Mut, mich zu zeigen, wie ich bin."*

Das „innere Kind" heilen

Aus dieser kurzen Einführung zu deinem jüngeren Ich lassen sich Wege ableiten, mit dem umzugehen, was aus deiner Vergangenheit immer wieder hochkommt: Du kannst das „innere Kind" heilen, indem du die Bedürfnisse im Hier und Jetzt erfüllst, die in der Kindheit unerfüllt blieben. Dafür eignet sich eine Visualisierung (siehe Übung 3). Oder du kannst die Annahmen auflösen, die dein „inneres Kind" mitgebracht hat, und sie überschreiben. Wie das geht, zeigen wir dir in Übung 1 und 2.

Übung 1: Glaubenssätze überschreiben
Identifiziere einen Glaubenssatz, der dir immer wieder im Weg steht oder dein Verhalten ungünstig antreibt. Ein Beispiel für eine solche Annahme ist *„Ich muss Leistung erbringen, um wertvoll zu sein und geliebt zu werden"*. Eine Annahme, die viele Kinder leistungsorientierter Eltern kennen. Als erwachsene Person definiert man sich mit einer solchen Annahme im Hinterkopf vermehrt über Leistung, Beruf und Diplome an der Wand. Genug ist es aber nie. Hast du einen solchen Glaubenssatz entdeckt, kannst du ihn aktiv überschreiben. Kehre ihn ins Positive und lass die neue Formulierung mindestens drei Wochen mehrmals täglich in dein Unterbewusstsein sickern, indem du ihn immer und immer wieder liest. Mach aus *„Ich muss Leistung erbringen, um wertvoll zu sein und geliebt zu werden"* ein *„Ich bin ungeachtet meiner Leistung wertvoll und liebenswert!"*

Übung 2: Kreativ werden
Wenn du ein kreativer Mensch bist, erreichst du dein „inneres Kind" vielleicht eher mit Farben und Basteleien. Der Grundgedanke ist derselbe: Überschreibe die hemmende Annahme. Deiner Kreativität sind keine Grenzen gesetzt. Möchtest du ein Bild malen, das deinen alten Glaubenssatz repräsentiert und es dann mit einer schwarzen Wachsmalkreide komplett übermalen und etwas Neues hinein krat-

zen? Tu das! Möchtest du diese Gedanken aufschreiben und Pflaster draufkleben? Wenn du die mit der rauen Oberfläche verwendest, kannst du deinen neuen Glaubenssatz direkt auf das Pflaster, über die alte Wunde, schreiben. Knüpfe dir ein Erinnerungsband, dass du am Handgelenk trägst und das dich Tag für Tag an deinen neuen Glaubenssatz erinnert, vielleicht mithilfe eines bestimmten Symbols.

Übung 3: Die Visualisierung

Denken wir noch mal kurz zurück zu Leonie, deren Erzählung am Anfang dieses Kapitels stand. Sie musste in ihrer Kindheit allein einschlafen, ohne Einschlafbegleitung, obwohl sie oft Angst hatte und sich sehr schwertat, in den Schlaf zu finden. Heute will sie ihrem Sohn eine liebevolle Einschlafbegleitung zukommen lassen, ihr „inneres Kind“ ist jedoch verzweifelt und wütend. Die erwachsene Leonie lernt in der Psychotherapie, sich das kleine Mädchen in seinem Bett vorzustellen und eben jenes liebevoll zu trösten und in den Schlaf zu begleiten. Das erwachsene Ich befriedigt die Bedürfnisse des kindlichen Ichs und heilt dadurch die Wunden der Vergangenheit. Kennst du eine ähnliche Situation, in der dein „inneres Kind“ leidet? Wenn du eifersüchtig wirst und dein „inneres Kind“ Angst hat, verlassen zu werden? Wenn es um Geld geht und dein „inneres Kind“ sich vor der Zukunft fürchtet? Wenn man harsch mit dir spricht und dein „inneres Kind“ (und somit du) erstarr(s)t, weil es gelernt hat, dass auf Schimpfen Strafe folgt? Wenn deine erwachsenen Reaktionen dir irgendwie zu heftig vorkommen, um als angemessen für die Situation zu gelten? Dann kannst du dir, genau wie Leonie, vorstellen, dass du – dein starkes, unabhängiges, erwachsenes Ich – dich jetzt um dein kleines „inneres Kind“ kümmerst, es tröstest, es beschützt, es liebst und versorgst. Stell dir vor, wie du deinem „inneren Kind“ all die wundervollen Dinge sagst, die dein Kind heute von dir hören darf: *„Du bist wundervoll, so, wie du bist. Du darfst alles fühlen und alles sein. Du bist richtig.“*

ACHTUNG

Visualisierungen dieser Art können sehr emotional sein und sind nicht angeraten, wenn es sich um traumatische Inhalte handelt. Brich die Übung ab, sobald du spürst, dass es dir zu viel wird. Derartige Erinnerungen sollten unter professioneller Anleitung bearbeitet werden.

Im Kapitel → „Das ist alles zu viel" erfährst du, wer dir in so einem Fall helfen kann.

Deine Widerstandskraft

Noch etwas, wofür deine Kindheit den Grundstein gelegt hat, ist die Resilienz, auch psychische Widerstandskraft oder Krisenfestigkeit genannt. Sie ist eine schützende Fähigkeit, die dir hilft, schwierige Lebenssituationen zu überstehen. Und rund um die Mutterschaft können sich, so haben wir bereits gesehen, viele Herausforderungen und auch Krisen auftun, bei der deine Widerstandskraft gefragt ist. Das Leben mit Kindern erfordert ein gewisses Maß an psychischer Flexibilität, um an den sich ständig wandelnden Anforderungen nicht zu zerbrechen. Lass uns also gemeinsam anschauen, wie du deine Resilienz stärken kannst!

Dein Schutzschild

Am einfachsten kann Resilienz als eine Haltung deiner Person gegenüber der Welt und was in ihr geschieht verstanden werden. Wenn du dich als Mensch verstehst, der sich gut an sich verändernde Umstände anpassen kann. Wenn du an deine Selbstwirksamkeit glaubst, also daran, etwas bewirken zu können. Wenn du mental flexibel bleibst. Denn dann fühlst du dich nicht direkt von Veränderung bedroht. Wie wurde dir als Kind die Welt erklärt, durftest du eigene

Fehler machen und Dinge selbst ausprobieren? Hat man dir zugetraut, eigene Lösungen zu finden und dir nicht immer alles abgenommen? Hattest du eine sichere Basis, zu der du immer zurückkehren konntest, wenn etwas nicht so lief, wie geplant? Dann hast du ein starkes Schutzschild errichten können. Das heißt aber nicht, dass du nicht auch im Erwachsenenalter noch etwas für dein psychisches Schutzschild tun kannst, wenn du merkst, dass es in deiner Kindheit anders lief oder dein Schutzschild im Laufe der Zeit von vielen Schicksalsschlägen schon löchrig geworden ist.

Dein Schutzschild ist aus zwei Schichten aufgebaut: **Die obere Schicht ist dein aktueller Zustand, die untere Schicht ist deine innere Haltung.** Die oberste Schicht ist besonders anfällig für die Einflüsse von außen, lässt sich dafür aber auch sehr gut von dir selbst beeinflussen. Die untere Schicht lässt sich auf deine Erfahrungen aus der Vergangenheit und dein oben beschriebenes Selbstverständnis zurückführen und ist somit etwas schwerer zu verändern.

Dein Schutzschild

Die obere Schicht: dein aktueller Zustand
Den Schlüssel für eine starke obere Schicht haben wir dir bereits gegeben: die Selbstfürsorge (→ „Dein entspannter Geist"). Je besser es dir geht, umso besser kannst du Belastungen abfangen, umso lockerer nimmst du kleine Fehlschläge und umso entspannter kannst du mit Planänderungen umgehen. Bist du bereits zum Zerreißen angespannt und von deiner Mehrfachbelastung erschöpft, kann dich schon die kleinste Abweichung vom Plan aus der Bahn werfen. Von einer Krise ganz zu schweigen.

Was also tun? Neue Studien zeigen, dass regelmäßiges Yoga verbunden mit positiven Affirmationen (Ermutigungen) die Resilienz steigern kann. Und das ist erstrebenswert, denn eine resiliente Person glaubt an ihre Fähigkeiten, hat eine optimistische Grundeinstellung und ist aktive Gestalterin ihres Lebens und ihrer Umstände. Im Resilienz-Yoga wird dafür gerne das Bild des Bambus verwendet, der sich im starken Wind verbiegt, aber nicht bricht. Er ist nachgiebig genug, um dem Wind standzuhalten und sich danach wieder aufzurichten.

Ebenso wie Yoga hat auch Meditation einen positiven Effekt auf dich: Sie senkt akuten Stress und fördert die zustandsbezogene Resilienz. Dafür kann schon eine Minute reichen!

ONE-MINUTE-MEDITATION

Stelle dich barfuß und aufrecht hin. Setze deine Füße von den Ballen bis zur Ferse fest auf dem Boden und geh ganz leicht in die Knie, sodass du das Becken aufrichten, also nach hinten kippen kannst und nicht im Hohlkreuz stehst. Lockere nun kurz die Schultern, lass die Arme locker hängen und schließe die Augen. Atme in dieser Position viermal tief durch die Nase ein und lang durch den geöffneten Mund wieder aus. Konzentriere dich dabei vollends auf deine Atmung und spüre, wie die Luft durch deine Nase hinein in deine Lunge strömt, sich dein Brustkorb hebt und senkt, und höre, wie die Luft dich wieder verlässt. Nach vier Atemzügen schütteln und lockern, wie es sich für dich gut anfühlt, und weiter geht's.

Die untere Schicht: deine innere Haltung

Für die untere Schicht sieht es etwas anders aus, hier müssen wir etwas tiefer gehen. Neben professionellen Angeboten rund um psychologische Beratung, Psychotherapie oder Resilienz-Coaching, die du in Anspruch nehmen kannst, kann auch die Arbeit am „inneren Kind" (→ „Dein ‚inneres Kind'") sehr nützlich sein. Es gibt noch einige weitere Wege, die dich für Krisen stark machen, wie etwa die Ja-Haltung.

Die **Ja-Haltung** ist entscheidend für Optimismus, welcher wiederum ein wesentlicher Bestandteil der psychischen Widerstandskraft ist. Dabei macht sich diese Haltung ein psychologisches Phänomen zunutze, und zwar das Priming. Darunter versteht man die Beeinflussung der Bahnen im Gehirn durch einen bestimmten Reiz. Ein kleines Experiment zur Veranschaulichung: Welche Farbe hat Schnee? Welche Farbe haben die Wolken am Himmel? Welche Farbe haben Schwäne? Und was trinkt die Kuh? Wenn du mit „Milch" geantwortet hast, bist du dem Priming auf den Leim gegangen. Denn dein Hirn war so auf „weiß" gepolt, dass es „Wasser" unterschlagen hat – obwohl du natürlich weißt, dass die Kuh Milch gibt und nicht trinkt.

Stell dir also vor, du wärst dein eigener Coach, gibst dir einen Klaps auf die Schulter, schenkst dir ein enthusiastisches Nicken und sagst dann voller Überzeugung, laut und deutlich „Ja"! Dein Gehirn wird annehmen, die folgende Aufgabe ist eine gute, sinnvolle oder nützliche Tätigkeit und aktiviert die entsprechenden neuronalen Verknüpfungen, die es für deine Motivation braucht. Wenn du dich über einen längeren Zeitraum immer wieder so motivierst, dann ändert sich deine innere Haltung und wird nach und nach automatisch diesen Job übernehmen. Deine Widerstandskraft steigt.

Deine Schuldgefühle

Noch etwas anderes prasselt wahrscheinlich in schöner Regelmäßigkeit auf dein Schutzschild ein und lässt es dünner werden: Schuldgefühle. Manchmal sind sie nur unterschwellig zu spüren, wie fieser, kalter Nieselregen im Herbst, manchmal knallen sie auf dich und dein Schild wie große Hagelkörner.

Überlege kurz, wie oft du dich in letzter Zeit für etwas entschuldigt hast. Und wie häufig war es WIRKLICH etwas, wofür du dich entschuldigen musstest? EntSCHULDigen – die Schuld wieder loswerden, die wir glauben, auf uns geladen zu haben. Mütter haben ständig das Gefühl, dies tun zu müssen, weil Schuldgefühle ihr täglicher Begleiter sind.

Dein Kind ist beim Essen wählerisch – du fühlst dich schuldig? Du willst einen Abend ohne Kinder verbringen – du fühlst dich schuldig? Der Haushalt sieht aus wie Sau – du fühlst dich schuldig? Dein Kind sitzt vor dem Fernseher – du fühlst dich schuldig? Die Liste ist schier endlos.

Warum ist das so? Warum tut das nicht gut? Und wie kannst du diese Schuldgefühle loswerden oder sogar für dich nutzen? Schauen wir mal genau hin.

Wozu wir Schuldgefühle brauchen

Schuldgefühle sind menschlich, sie existieren in allen sozialen Gruppen und haben gerne Scham oder Angst im Schlepptau. Sie entstehen aus vielen Gründen, am häufigsten aber, weil wir ein inneres Gebot, ein moralisches Gesetz, eine Überzeugung nicht einhalten. Wenn du dich beispielsweise schuldig fühlst, weil du arbeiten gehst und dein Kind in die Außer-Haus-Betreuung gibst, dann, weil ein inneres Gesetz dir sagt: „Kinder gehören zu ihrer Mutter." Aber woher kommt dieses Gesetz? Es ist geprägt von deinen Rollen, Idealen, Erwartungen, Entscheidungen und Glaubenssätzen – und denen deines Umfelds. Es hat sich im Laufe deiner Sozialisation ausgebildet und ist keineswegs unumstößlich. Der Psychologe und Psychotherapeut Jürg Kollbrunner spricht in diesem Zusammenhang von sozial gelernten, unberechtigten Schuldgefühlen. In Abgrenzung zu authentischen und berechtigten Schuldgefühlen, die auftreten, wenn du tatsächlich Schuld auf dich geladen, etwa einem anderen Menschen Gewalt zugefügt hast.

Beide Arten von Schuldgefühlen sind wichtig, weil sie soziale Beziehungen aufrechterhalten. In großen Gruppen und Gesellschaften, aber auch in eurer kleinen Gruppe, eurer Familie, sorgen sie dafür, dass Regeln eingehalten werden. Im Normalfall brauchst du sie nicht, um zum Beispiel dein Baby regelmäßig zu füttern und auch das dritte Mal in der Nacht wieder in den Schlaf zu wiegen. Aber sie geben dir auch in den schlimmsten und müdesten Nächten den Tritt in den Allerwertesten, den du brauchst, um durchzuhalten: Sie erinnern dich an deine Pflichten. Schuldgefühle schaffen außerdem Ursache-Wirkungs-Zusammenhänge, nach denen unser Hirn permanent sucht, um sich zu orientieren, oder gaukeln sie uns zumindest vor: „Ich habe meinen Teller nicht leergegessen, also regnet es morgen." Schuldgefühle unterstützen also soziale Kontakte, geben Sicherheit und vermitteln das Gefühl, Kontrolle zu haben – und befriedigen somit einige unserer ureigensten menschlichen Bedürfnisse.

Schuldgefühle geben dir Orientierung, erinnern dich an deine Werte und dürfen deshalb auch bleiben. Du kannst sie sogar als ein gutes Zeichen sehen, denn vor allem sehr empathische, das heißt mitfühlende Menschen, die verantwortungsbewusst handeln und hohe Ansprüche haben, kämpfen mit vielen Schuldgefühlen. Solange du Schuldgefühle hast, kannst du dir sicher sein, dass dein moralischer Kompass funktioniert, dass du ergo kein schlechter Mensch bist. Das alles sind Wesenszüge, die positiv zu bewerten sind, wenn sie nicht ins Extreme schlagen, du dich nicht mehr abgrenzen kannst und dir selbst die Latte viel zu hoch legst.

SCHULDGEFÜHLE ALS STOPPSCHILD

Verteufle Schuldgefühle also nicht grundlegend. Sie können dir ein erster Wegweiser sein, ein Stoppschild: Achtung, halte kurz inne und überlege, warum dieses Schuldgefühl gerade aufploppt. Welches Gesetz, welcher Glaubenssatz steht dahinter? Und bist du davon wirklich überzeugt, ist er dir wichtig? Oder folgst du ihm nur, weil du sonst diffuse Konsequenzen fürchtest? Du wirst überrascht sein, wie viel du dadurch über dich und deine Glaubenssätze (→ „Dein ‚inneres Kind'") lernst. Hast du sie erst identifiziert, kannst du sie auch ändern!

Es kann sein, dass du bei näherer Betrachtung merkst, dass das Schuldgefühl nur eine andere Emotion überlagert, dich vor tiefer Trauer oder Schmerz schützen möchte. In diesem Fall möchten wir dir professionelle Hilfe ans Herz legen (→ „Das ist alles zu viel").

Genauso dürfen deine (unberechtigten!) Schuldgefühle nicht überhandnehmen und dich permanent belasten. Denn dann machen sie krank: Depressionen, Burn-out, psychosomatische Symptome und auch Gewaltausbrüche sind oft eng mit Schuldgefühlen verknüpft.

Warum die Schuldgefühle mit dem ersten Kind einziehen

Eltern und vor allem Mütter stehen heutzutage deshalb vor einer großen Herausforderung. Schuldgefühle sind nicht nur bei Frauen häufiger als bei Männern (sie haben mehr innere Gesetze, erlauben sich einen weniger laxen Umgang damit und suchen die Schuld eher bei sich als im System – eine Folge ihrer Sozialisation), sondern vor allem bei Müttern extrem ausgeprägt. Das liegt zum einen in der Natur der Sache: Die Beziehung zwischen Mutter und Kind ist rein biologisch voller Abhängigkeiten und Mütter sind (bis zu einem gewissen Grad) dazu gezwungen, sich aufzuopfern. Das dient, ganz plump gesagt, der Arterhaltung. Schon mit der Schwangerschaft gibt es ein ganzes neues inneres Regelwerk, das uns sagt, was ab jetzt richtig und falsch ist.

Aber es liegt auch an unserer Zeit, dass sich Mütter immer mehr und immer stärker schuldig fühlen: Der überhöhte Muttermythos, von dem wir schon häufiger gesprochen haben, schraubt die Erwartungen – und damit die inneren Gesetze – in ungeahnte Höhen. Eltern haben unendliche Wahlmöglichkeiten (denk nur an die Regale voller verschiedener Pre-Nahrungen), schwimmen in einem Meer guter Ratschläge und haben gleichzeitig durch die Kleinfamilie immer weniger Einblick ins „reale" Leben anderer Familien. Woran soll man sich also orientieren? Erziehung wird zudem neu begriffen, ist kindzentrierter und demokratischer – eine positive Entwicklung, die aber die Anzahl unserer inneren Gesetze nochmals erhöht.

Wie du Schuldgefühle bremst

Sich davon freizumachen, ist keine leichte Aufgabe. Aber Schuldgefühle sind Emotionen, die antreiben und aktivieren. Deshalb kannst du sie als Chance sehen, deine Gedanken dazu und deinen Umgang mit ihnen zu ändern.

Stell dir die richtigen Fragen

Coach und Psychotherapeutin Helga Kernstock-Redl empfiehlt, immer zu fragen *„Was ist schuld?"*, nicht *„Wer ist schuld?"* – damit lenkst du den Fokus von dir weg auf die Umstände. Denn oftmals kannst du an diesen nichts ändern. *Außerdem weist sie klar darauf hin, dass Fragen, für die wir in unserem Gehirn keine Lösung* finden, *nicht zum Ziel führen KÖNNEN.* Entweder fehlt dir die nötige Information, um sie zu beantworten, oder sie sind schlecht gestellt. Wenn du immer wieder über solche Fragen nachgrübelst, befeuert das deine Schuldgefühle immer von Neuem.

GRÜNDE IM AUSSEN SUCHEN

Wenn du dich das nächste Mal schuldig fühlst, dann suche bitte drei mögliche Ursachen für das, was passiert ist, die NICHT bei dir liegen:

Du fühlst dich schuldig, weil eines deiner Kinder in der letzten Zeit vermeintlich sehr wenig isst.

Gründe, die bei dir liegen (Wer ist schuld?):

- *„Ich koche nicht gut genug."*
- *„Ich biete ihm nicht oft genug etwas an."*
- *„Ich lebe ihm schlechte Essgewohnheiten vor."*

Streich sie bitte! Und ersetze sie durch Gründe, die im Außen liegen (Was ist schuld?):

- *„Das Kind hat momentan wenig Hunger."*
- *„Es ist wählerisch beim Essen."*
- *„Es hat momentan nicht das nötige Sitzfleisch, um Mahlzeiten gut durchzuhalten."*

Und immer wieder die Frage: Welches innere Gesetz steht dahinter? Wer sagt dir, dass dein Kind mehr essen muss und was „genug" ist?

(Bei ernsthaften Sorgen rund um das kindliche Essverhalten ziehe euren Kinderarzt oder eure Kinderärztin zurate.)

Am besten stellst du dir diese Fragen auch nicht rund um die Uhr. Wenn es dir hilft, gestatte dir feste Zeiten zum Nachdenken über Schuld. Und mach nach einer bestimmten Zeit gedanklich einen Cut. Lade deine Schuldgefühle kontrolliert ein, nutze sie als Wegweiser und lass sie dann wieder ruhen.

Lass dir das schlechte Gewissen nicht von außen einreden
Wir sind die größten Produzenten unserer eigenen Schuldgefühle – aber oft auch unter Druck von außen. Viele Bilder auf Instagram zeigen perfekt geputzte und gestylte Wohnungen, artige Kinder, die nur gesunde Snacks essen und pädagogisch wertvolles Spielzeug benutzen – die Schuldgefühle liefert ein Account in solchen Netzwerken gratis mit. Bedenke: Du siehst nur Ausschnitte! Auch im echten Leben. Addiere einfach eine ordentliche Portion Chaos, Inkonsequenz und Ahnungslosigkeit hinzu, jedes Mal, wenn jemand anders von seiner Elternschaft berichtet, dann näherst du dich wahrscheinlich der Realität. Denn wir alle neigen dazu, uns in einem guten Licht darstellen zu wollen.

In diesem Zusammenhang müssen wir Autorinnen uns auch an die eigene Nase fassen. Du liest einen Ratgeber, der voll ist mit Tipps und Tricks, wie es besser gehen kann. Das hilft – macht aber vielleicht zusätzlich Druck. Das ist nicht unsere Absicht. Denke auch an dieser Stelle daran, dass niemand perfekt ist und alles „richtig" machen kann. Sieh unsere Tipps als Angebot, nicht als Quelle neuer Schuldgefühle. Sei dir sicher, auch wir können nicht alles umsetzen, was wir dir raten. Und auch wir haben uns beim Schreiben des Buchs das ein oder andere Mal (unberechtigt) schuldig gefühlt, weil die Wäsche liegen blieb, das Kind warten musste, der Mann einspringen musste und so weiter.

Das – die Abgrenzung nach außen – ist auch wichtig, wenn du dir Hilfe holst (→ „Hilfe suchen, Hilfe annehmen"): Wenn du Hilfe annimmst, heißt das nicht zwingend, dass du dem oder der Helfenden dafür etwas „schuldig" bist. Mach dich von diesem Gedanken frei. Hilfe ist oft altruistisch und selbstlos. Wer dir mit seiner Hilfe Schuldgefühle einredet, ist nicht der richtige Helfer/nicht die richtige Helferin.

Sei mitfühlend und nachsichtig dir selbst gegenüber
Wenn dein(e) Kind(er), dein Partner, deine Freundin einen Fehler machen – bist du ihnen gegenüber so streng wie zu dir selbst? Mit Sicherheit nicht! Gestehe dir Fehler zu und eine gewisse Flexibilität im Umgang mit deinen inneren Gesetzen. Beim nächsten Mal wirst du es besser machen – und wenn nicht, dann vielleicht beim übernächsten Mal. Wenn du wirklich an etwas Schuld hast, kannst du dich entschuldigen und um Verzeihung bitten; versuchen, die Schuld wieder gutzumachen. Es geht hier ja so gut wie nie um lebenswichtige Entscheidungen, sondern meist um Kleinigkeiten im Alltag, die uns viel zu lange beschäftigen. Nimm dich in den Arm, wenn etwas gegen deine Glaubenssätze ging, tröste dich und gib dir die Chance, zu wachsen. Wenn du deinem Kind einen solchen Umgang mit Schuldgefühlen vorlebst, wird es selbst weniger dieser ungesunden Gedankenmuster mit in sein Leben nehmen.

Deine Wut

„Manchmal war ich derartig wütend, dass ich mich gar nicht wiedererkannt habe. Das Gefühl kannte ich in dieser Ausprägung nicht, bevor ich Mutter wurde. Meine Tochter zog sich nicht schnell genug an, sie trödelte beim Zähneputzen oder bekam einen Schnupfen. Ich war völlig ratlos, warum mich solche Bagatellen zur Weißglut brachten. Bis ich in der Erziehungsberatung gelernt habe, dass mir Ruhe und Ausgleich gefehlt haben und mein Fass in diesen Momenten einfach übergelaufen ist. Erst habe ich gelernt, meine Wut im Akutfall in die Schranken zu weisen, dann, besser für mich zu sorgen. Natürlich bin ich immer noch gelegentlich wütend – aber ich kann dieses Gefühl jetzt viel besser handeln.“

Sophie, Mutter einer Tochter (4)

Es kommt vor, dass wir so unbändig wütend auf unsere Kinder sind, dass wir vor uns selbst erschrecken, wie Sophie. Eben war noch alles gut und plötzlich gehen wir an die Decke, schreien, sind ungerecht – wegen einer Kleinigkeit. Dann schämen wir uns und können unserer Sammlung ein weiteres Schuldgefühl hinzufügen. Denn diese drei Emotionen – Wut, Scham, Schuld – hängen eng zusammen und schließen sich nicht selten zu einem Teufelskreis. Wenn es dir auch manchmal so geht, ist es gut zu wissen: Der Grund für deine Wut liegt in dir, nicht in deinem Kind (oder deinem Partner). Was dich zum Explodieren gebracht hat, war nur der Auslöser, der Funke, der Tropfen, der das Fass zum Überlaufen gebracht hat. Wut ist deshalb ebenso wie Schuldgefühle ein Stoppschild. Sie weist uns aber nicht auf unsere inneren Gesetze hin, sondern darauf, dass unsere Bedürfnisse nicht erfüllt wurden oder eine Grenze überschritten wurde. Das heißt, du kannst etwas gegen diese Wut tun oder sie positiv umdeuten. Denn wir sind uns einig: Es ist nicht gut, wenn unsere Kinder (oder andere Menschen aus unserem Umfeld) diese Wut immer wieder ungefiltert abbekommen. Das macht uns alle unglücklich.

IM TUNNEL – WIE FUNKTIONIERT WUT?

Ein Wutanfall ist eine Reaktion des Gehirns, die blitzschnell entscheidet: Gefahr oder nicht? Gefühle entstehen im limbischen System unseres Gehirns, das evolutionär gesehen sehr alt ist. Die Amygdala, der Mandelkern, ist ein Teil davon und für Emotionen besonders relevant. Sie ist unter anderem mit dem Hypothalamus und der Großhirnrinde verknüpft. Letztere hat normalerweise die Aufgabe, unsere Amygdala in Zaum zu halten, sodass wir vernünftig und kontrolliert handeln können. Wenn sich unser Körper aber durch unterschiedliche Reize bedroht fühlt (zum Beispiel ein böses Wort), springt der Notfallmechanismus an: Die Amygdala schaltet die Großhirnrinde vorübergehend aus und aktiviert gleich das Alarmsystem, den Hypothalamus. Dieser schüttet Stresshormone aus, beschleunigt den Herzschlag, erhöht den Blutdruck und spannt unsere Muskeln an.

In unserer steinzeitlichen Vergangenheit war das überlebenswichtig: bei Gefahr konnten wir so gepusht besonders gut fliehen oder eben angreifen. Bis die nötige Information dann über Umwege in der Großhirnrinde angekommen ist, ist es zu spät: Wir sind explodiert. Das geht derartig schnell, dass wir wie im Tunnel reagieren, nichts sehen und nichts hören, sondern lospoltern. Unser Verstand „setzt kurz aus".

Wut findet ihren Weg

Besonders Frauen haben ein schwieriges Verhältnis zu ihrer Wut, sie fürchten sich vor ihr, ignorieren sie vielleicht sogar. Dabei sind sie aber nicht per se friedliebender oder weniger aggressiv als Männer. Wut gehört, psychologisch betrachtet, neben Freude, Ekel, Neugier, Verachtung, Angst und Traurigkeit zu den sieben Grundgefühlen. Völlig unabhängig vom Geschlecht. Weibliche Wut ist nur deutlich verpönter: Kleine Jungs, die ihre Wut herauslassen, werden meist leichter akzeptiert als wütende Mädchen. Diese erfahren oft schon von klein auf, dass dieses Gefühl bei ihnen irgendwie „falsch" ist, bestraft wird oder sie dafür sogar belächelt werden. Aus Angst vor Liebesentzug und Ablehnung lernen viele Frauen ihre Wut nicht kennen und nutzen somit auch ihr Potenzial nicht.

Was machen wir stattdessen mit unserer Wut?

- Wir ignorieren sie oder schlucken sie hinunter.
  Was wir nicht sehen, ist auch nicht da. Ein Trugschluss!
- Wir leben sie körperlich aus.
  Denn Wut bricht sich Bahn, nicht selten auch körperlich. Verspannungen, Bluthochdruck, Magenprobleme, aber auch zwanghaftes Verhalten wie Nägelkauen oder Suchtproblematiken sind teilweise auf unterdrückte Wut zurückzuführen. Sie macht krank.

- Wir ersetzen sie durch andere Gefühle.
  Statt wütend zu sein, werden wir traurig oder ängstlich. Gefühle, die uns lähmen, von denen wir aber glauben, sie seien sozial verträglicher. Unser Problem ist also nicht die Wut selbst, sondern die Angst vor den Reaktionen auf sie.
- Wir wandeln sie in Nölen oder Jammern um.
  Das ist eine Strategie der Konfliktvermeidung, die oft über Generationen (von Frauen) weitergegeben wird. Gemeinsames Jammern bringt uns zwar Aufmerksamkeit, aber es hilft uns nicht dabei, für unsere Bedürfnisse einzustehen. Wir hängen dann in einer „erlernten Hilflosigkeit“ fest und kämpfen in vielen Fällen mit „Erwartungsärger“ – das heißt, wir ärgern uns über Dinge, die (noch) gar nicht passiert sind.
- Wir lassen sie passiv-aggressiv auf die Welt los.
  Wir schweigen unseren Partner demonstrativ an, antworten mit einem spitzen „Wenn du meinst“ oder machen einen „Witz“, der unser Gegenüber schwer trifft.
- Wir richten sie gegen uns selbst.
  Zum Beispiel, wenn wir uns selbst „Ich Dummkopf!“ schimpfen oder für ein Verhalten bestrafen, indem wir uns den lang ersehnten Abend mit unseren Freundinnen nicht gönnen. Im schlimmsten Fall kann es sogar zu autoaggressivem, also selbstverletzendem, Verhalten kommen.

Notfallhilfe: Wenn die Wut hochkocht

Manchmal explodieren wir eben trotzdem! Bevor wir dir zeigen, wie du deine Wut rechtzeitig erspüren und für dich nutzen kannst, möchten wir dir (zusätzlich zur Geheimwaffe aus → „Dein Stressmanagement“) zwei Tipps mitgeben, wie du in akuten Wutsituationen für Entspannung sorgen und deine Impulse regulieren kannst.

Die 90-Sekunden-Regel

Die Neurologin Jill B. Taylor untersucht seit Jahren, wie unser Gehirn funktioniert. Eine ihrer wichtigsten Erkenntnisse: Wenn wir gefühlsmäßig (heftig) auf etwas reagieren, ist das ein biochemischer Prozess (siehe Infokasten „Im Tunnel"), und der klingt in der Regel nach etwa 90 Sekunden wieder ab. Der Körper und die Emotionen fahren wieder runter und man kann klar denken.

Das heißt, wenn es dir gelingt, diese 90 Sekunden die Wut auszuhalten und dich nicht hineinzusteigern, dann kannst du beobachten, wie sie wieder verschwindet.

Wenn du merkst, dass ein Wutanfall im Anmarsch ist, dann:

- Sage zu dir „Stopp!". Gerne laut und deutlich.
- Atme tief in den Bauch ein und aus.
- Versuche zu lächeln.
- Zähle von 90 runter, während du weiter ruhig atmest.

(Das Zählen lenkt von der Wut ab und dein Gehirn stellt die Verknüpfungen wieder her, die für den Moment blockiert waren.)

Konzentriere dich nur darauf. Dann wirst du spüren, dass dein Körper und dein Geist langsam ruhiger werden und du die Situation wieder bei klarem Verstand beurteilen kannst.

Energie rauslassen

Was Kindern im Umgang mit ihrer Wut hilft, hilft auch uns Erwachsenen – denn wir unterscheiden uns in diesem Stadium kaum voneinander. Wenn dir das „Wegatmen" zu passiv ist, kannst du auch versuchen, die 90 Sekunden mit körperlicher Aktion zu überbrücken beziehungsweise zu unterbrechen. Ins Kissen schreien oder boxen, einen (weichen) Ball gegen die Wand werfen oder fest durchkneten, einmal fest aufstampfen – lass die Energie raus. Der Sinn ist, dass Gegenstände die Wut abbekommen, nicht dein Kind, dein Partner, der Postbote oder wer auch immer dir gerade im Weg steht. Erlaubt ist, was gefällt, hilft und niemandem schadet. Aber Vorsicht: Dein(e) Kind(er) sollte(n) sich nicht erschrecken. Vielleicht kannst du vorher den Ort des Geschehens verlassen oder, wenn deine Kinder älter sind, ihnen in einem ruhigen Moment erklären, dass das deine Art ist, die Wut unter Kontrolle zu bekommen. Etwa mit folgenden Worten:

„Es kommt vor, dass ich zornig werde. Ihr kennt das – ihr ärgert euch auch manchmal oder seid frustriert. Ich will künftig versuchen, den Ärger rauszulassen, indem ich diesen kleinen Ball ganz fest an die Wand werfe/ich in ein Kissen boxe.“
„Ich will in Zukunft versuchen, nicht zu schreien, wenn ich mich ärgere. Stattdessen möchte ich fest stampfen oder die Wut wegtanzen. Wollt ihr mir dabei helfen?“

Mit deiner Wut in Kontakt kommen

Um auf lange Sicht das Potenzial deiner Wut nutzen zu können, musst du dich aber auf sie einlassen, bevor sie explodiert. Finde einen Zugang zu ihr. Wenn du zu den Frauen gehörst, die gelernt haben, ihre Wut zu unterdrücken, dann taste dich langsam heran.

Aus der Angst heraus, Wut zu zeigen, bleiben wir zu oft mit ihr allein oder schreiben sie ins Internet. Dabei kann Wut auch Gemeinschaft stiften, sie ist ein Gefühl, das nach echten Gesprächen verlangt und danach, einen Plan zu machen, der sich ihrer Ursache annimmt.

Teresa Bücker in ihrer Kolumne „Freie Radikale“ im SZ Magazin

Dein Leitsatz darf sein *„Meine Wut ist okay. Sie hilft mir, meine Bedürfnisse zu erkennen und Grenzen zu setzen.“* Du musst dich nicht vor ihr fürchten.

ZUGANG ZU DEINER WUT FINDEN

Du kannst deine Wut über verschiedene Wege kennenlernen:

Wenn du dir deiner Wut bewusst werden willst – das ist die Voraussetzung – dann fange mit **deinem Körper** an: Sei aufmerksam, spüre ihn im Hier und Jetzt. Ruhiges Atmen kann helfen, die Wahrnehmung zu lenken. Presst du beispielsweise deinen Kiefer zusammen? Ist dir heiß? Trommelst du nervös mit den Fingern auf der Tischkante? Unterschwellige Wut zeigt sich in verschiedenen physischen Ausdrucksformen und mit der Zeit lernst du, sie zu lesen.

Dann höre auf **deine Gefühle**. Wie geht es dir? Bist du dauernd schlecht gelaunt? Spürst du eine diffuse Traurigkeit? Oder kannst du tatsächlich auch Zorn oder Ärger in dir erahnen? Denk an die Ersatzgefühle, suche nach Ursachen, ergründe deine Emotionen. Je häufiger du das tust, desto eher traut sich die Wut an die Oberfläche.

Auch **deine Gedanken** können dich auf Wut in dir hinweisen. Neigst du dazu, dich über andere stark aufzuregen? Denkst du Sätze wie „Jetzt hat sie schon wieder…“ oder „Typisch er“? Vielleicht steckt eine große Wut auf diesen oder einen ganz anderen Menschen dahinter. Wut kann sich aber auch in einer gedanklichen Leere manifestieren, wenn sie sehr viel Raum einnimmt.

Das mag noch etwas abstrakt klingen, aber: Wenn du dich wirklich darauf einlässt und deine Wut entdecken willst, sind diese drei Ebenen essenziell.

Nach: Schmale-Riedel, Almut: Weibliche Wut. Die versteckten Botschaften hinter Ärger und Co. erkennen und nutzen. Kösel 2018.

Deine Wut für dich nutzen

Wenn du deine Wut erkannt hast, wenn du sie spürst, dann akzeptiere im ersten Schritt, dass sie da ist. Sie ist ein Gefühl, das wie jedes andere seine Berechtigung hat. Versuche nicht zu werten. Und dann mach dir klar: Wut kann dir Kraft geben, dein Leben so zu ändern, dass du dich wohler fühlst. Sie lenkt den Fokus auf deine Bedürfnisse und ist ein Frühwarnsystem dafür, dass du zu kurz kommst und der Stress zu groß wird. Denn gerade unter dauerhafter Anspannung fällt es uns besonders schwer, von unserer Überregung „herunterzukommen".

Ein Beispiel:
Du bist unglaublich wütend, weil dein Kind nicht einschlafen will. Du hast alles getan: gestillt, gesungen, getragen, gestreichelt und wieder von vorne. Du merkst, wie du rot wirst, wie dein Puls steigt und fühlst den Impuls, dieses kleine müde Menschlein anzuschreien: „Schlaf doch endlich!"

Unsere oben genannten Notfalltipps helfen dir, aus der akuten Situation zu kommen.

Danach ist es aber wichtig, zu fragen: „Welches meiner Bedürfnisse wurde hier übergangen, dass ich so wütend wurde?" Denn niemand ist ernsthaft wütend, nur weil ein Baby oder (Klein-)Kind nicht schlafen kann. Wir wissen nicht, was dich so wütend gemacht hat, aber hier sind einige mögliche unerfüllte Bedürfnisse, die dahinterstecken könnten:

Schlaf
Manchmal ist es sehr grundlegend. Wer kaum noch Schlaf bekommt, wird wütend. Auf die ganze Welt und all jene, die schlafen dürfen. Oder dürften und es dann nicht tun.

Zeit für dich
Du hast dich so auf deinen Feierabend gefreut und tigerst jetzt schon die zweite Stunde im abgedunkelten Kinderzimmer hin und her. Da steigt der Puls.

Wertschätzung
Du fragst dich, warum niemand sieht, welchen Kraftakt du bei jeder Einschlafbegleitung leistest. Niemand würdigt das. Das ärgert dich.

Entlastung
Eigentlich sollte dein Partner heute Abend übernehmen, aber er hat sich aus der Pflicht herausgeredet. Überhaupt, er übernimmt so wenig Verantwortung für dieses kleine Wesen und deine erdrückt dich fast. Du bist wütend auf deinen Partner.

Hast du gemerkt, wo bei dir der Schuh drückt? Vermutlich sind es sogar mehrere Gründe, mehrere Bedürfnisse, die schon länger brach liegen, wenn du stark in Wut gerätst.

Wichtig ist jetzt: Versuche in jedem Fall, sie zu stillen. Es muss nicht in diesem akuten Moment sein. Aber sie müssen gesehen und befriedigt werden, damit die Wut verschwinden kann. Manchmal reicht die Erkenntnis: „Ich brauche mehr Zeit für mich!“, um das auch umsetzen zu können. In den meisten Fällen wirst du aber Grundlegenderes ändern müssen und vor allem Hilfe dazu holen. Jemand, der dir das Kind abnimmt, damit du schlafen kannst. Einen „partner in crime“, der die Verantwortung mit dir teilt. Einen Babysitter, der dir einen freien Abend ermöglicht. Oder eine Freundin, die dir auf die Schulter klopft und sagt: „Ich weiß, was du durchmachst. Du machst das toll.“ Wie das klappt, siehst du im Kapitel → „Hilfe suchen, Hilfe annehmen“.

Deine Wut managen

Es ist also nicht nötig, ja, gar nicht wünschenswert, dass du nie wütend bist. Damit wärst du auch für dein(e) Kind(er) kein gutes Vorbild und sie erlernen keinen gesunden Umgang mit Emotionen wie Wut und Zorn. Wut zu unterdrücken ist genauso ungesund wie ständig im Hulk-Modus durch die Gegend zu stapfen. Wir müssen „nur" versuchen, ein Gleichgewicht zu finden, das richtige Maß an Wut, das unsere Grenzen und Bedürfnisse schützt und uns aktiv hält, aber nicht ins Destruktive umschlägt. Je besser du deine Wut und ihre Ursachen kennenlernst, desto leichter wird dir das fallen. Abschließend haben wir hier einige praktische Tipps für dich, wie du deine Wut etwas „organisieren" kannst.

Wutheft
Führe eine Art Tagebuch – du kannst es auch in dein normales Tagebuch integrieren – in dem du kurz über deine Wutanfälle und deine unterschwellig vorhandene Wut berichtest. Findest du Muster? Trigger, die regelmäßig das Fass zum Überlaufen bringen? Oder stellst du zum Beispiel fest, dass du dich immer dann nicht gut kontrollieren kannst, wenn am Vortag deine Mutter zu Besuch war? Wenn du dich zu einer kurzen Reflexion „zwingst", erfährst du sehr viel über deine zornigen Gefühle. Und Muster zeigen dir den Weg zu Veränderung.

Wutfantasien
Ergehe dich ruhig in Fantasien, wie du dem nervigen Chef laut die Meinung geigst, dem Nachbarn, der immer den Gehweg blockiert, den Seitenspiegel abschlägst oder dem Kinderarzt die Tür vor der Nase zuknallst. Das baut Spannung ab. Nur: Das muss eine Fantasie bleiben! Am besten teilst du sie mit jemandem, der dir sehr nahesteht. So kannst du gleichzeitig deinen Ärger loswerden und über deine Bedürfnisse sprechen. Wahrscheinlich lacht ihr dann gemeinsam und die Situation ist entschärft.

Wutbriefe

Richtet sich deine Wut gegen eine bestimmte Person, dann schreib sie dir in einem Brief von der Seele. Schick ihn nicht ab, zerreiß ihn stattdessen in winzig kleine Schnipsel! Schwarz auf weiß siehst du, was dich bedrückt und ärgert. Du sammelst so deine Gedanken dazu und fasst die Gefühle für dich in Worte. Ist die Wut dadurch abgeebbt, kannst du in einem ruhigeren Modus auch mit der betreffenden Person sprechen und klären, was zwischen euch steht und was du dir von ihr wünschst.

Bewegung

Immer gut für dein psychisches Wohlbefinden ist Bewegung. Spazierengehen, joggen, ein Mannschaftssport: Was auch immer dir Freude macht, hilft nicht nur deinem Körper, sondern sorgt auch für seelischen Ausgleich. Einen Teil deiner wütenden Energie wirst du so regelmäßig los.

! ACHTUNG

Wenn deine Wut so groß ist, dass du sie gar nicht mehr im Griff hast, wenn du ständig laut wirst, aus der Haut fährst und vielleicht sogar den Drang verspürst, deine Wut körperlich an dir oder anderen auszulassen: Such dir schnell professionelle Hilfe! Eventuell stecken tiefere Verletzungen hinter deiner Wut, die du allein nicht aufarbeiten kannst, oder du bist so stark überlastet, dass du all die Tipps gar nicht mehr anwenden KANNST. Hier um Hilfe zu bitten ist, wie in jeder Situation, keine Schande, sondern ein Zeichen von Größe und schützt dich und andere. Du hast erkannt, dass du ein Problem hast, und möchtest es loswerden. Das ist eine enorme Leistung in einer emotional so aufwühlenden Situation.

HILFE SUCHEN UND VERANTWORTUNG TEILEN

Um Hilfe zu bitten, ist kein Tabu! Wenn du merkst, dass du Hilfe brauchst und sie dir suchst, ist das ein mutiger und starker Schritt. Trotzdem ist er oft nicht einfach, vor allem, wenn du schon lange alles allein schulterst. Deshalb lernst du in diesem Kapitel, wie du deine Bedürfnisse erkennst, deine Bitten klar formulierst und wie du mit unerwünschter Hilfe umgehst. Und alle, die helfen wollen, aber ebenfalls unsicher sind, erfahren im Kapitel für Angehörige, wie sie am besten unterstützen können.

Es muss und soll nicht alles auf deinem Rücken lasten. Die aufopferungsvolle Mutter ist ein ungesunder Mythos und gehört genau dorthin zurück: ins Reich der Fantasie. In deinem Alltag hat er nichts verloren. Genauso wenig der Glaubenssatz:

„Hilfe zu suchen bedeutet schwach und bedürftig zu sein."

Wir haben ihn extra für dich hervorgehoben, damit du ihn hier und jetzt durchstreichen kannst, wie du es davor schon mit anderen hinderlichen Annahmen über dich und die Welt getan hast. Weg damit, denn ab heute gilt:

„Ich bin klug – ich gebe Verantwortung ab und hole mir Hilfe!"

Denk dabei immer daran, dass du es nicht nur für dich selbst tust. Du tust es für dich, dein(e) Kind(er) und deinen Partner. Du tust es in der festen Überzeugung, dass es dir und deiner Familie guttut, wenn ihr Entlastung erfahrt. Geht's dir gut, geht's den Kids gut, so ist das.

Neben der Sorge, schwach und bedürftig zu erscheinen, befürchtest du vielleicht auch, dass sich ein Ungleichgewicht in deinen sozialen Beziehungen breit macht. Dass du mehr nimmst, als du gibst. Und dass du aktuell nichts zurückgeben kannst, weil deine Ressourcen ja eh schon so knapp sind, dass du um Hilfe bittest. Wir haben für dich drei AHA-Momente zusammengetragen, die dich vielleicht umdenken lassen.

1. AHA: Das Prinzip der generalisierten Reziprozität

Reziprozität heißt nichts anderes als: „Eine Hand wäscht die andere". Das bedeutet, dass wir von der Vorstellung geleitet werden, auf eine Leistung erfolgt direkt eine Gegenleistung. „Ich tue dies für dich (den Rasen mähen), wenn du jenes (bezahlen) für mich tust." Das ist der Klassiker, die direkte Wechselwirkung. Es gibt diese Wechselwirkung aber auch noch auf einer anderen Ebene, denn wir tun Dinge auch für andere Menschen, ohne eine direkte Gegenleistung zu bekommen. Hast du an der Supermarktkasse schon mal jemanden vorgelassen, der im Gegensatz zu deinem übervollen Einkaufswagen mit dem Wocheneinkauf für die ganze Familie nur eine Packung Toast und Butter auf dem Arm hatte? Das war sehr nett von dir. Aller Wahrscheinlichkeit nach hast du dafür keine Gegenleistung erhalten, bis auf ein nettes Dankeschön, wie wir hoffen. Diese Geste lässt sich aber nicht nur durch Selbstlosigkeit erklären, sondern auch durch das Prinzip der generalisierten Reziprozität. In diesem Fall werden Hilfeleistungen als Investition in ein größeres Ganzes, eine Einzahlung auf eine Art „Karma-Konto", betrachtet – in der unbewussten Hoffnung, ebenfalls einen solchen oder ähnlichen Gefallen empfangen zu können. Besonders zum Tragen kommt diese langfristige Variante, so nehmen Sozialpsychologen an, in Familien über die Generationen hinweg. Die intensive Fürsorge, die man seinen Kindern zukommen lässt, führt hoffentlich langfristig zu einer guten Beziehung und einer fürsorglichen Pflege durch die eigenen Kinder und Enkel im Alter. Auch in einem stabilen Freundeskreis lässt sich dieses nachhaltige Prinzip der gegenseitigen Unterstützung finden.

Was heißt das für dich? Nun, du kannst dieses Prinzip auf drei Arten für dich nutzen: Entweder, und davon gehen wir aus, hast du bereits in dein soziales Netz investiert und hast sozusagen Plus auf dem Hilfekonto. Vielleicht hast du bereits deine beste Freundin im Wochenbett unterstützt. Oder deinen Freunden beim Umzug geholfen, vielleicht sogar beim Hausbau! Die Schwiegermutter hast du gut umsorgt, als sie sich das Bein gebrochen hatte, und für den Schwiegervater hast du in der Zeit, als sie im Krankenhaus war, auch mitgekocht. Es ist an der Zeit, dieses Plus abzuschöpfen. Nicht (!), um dieses Plus zu nutzen, wenn du um Hilfe bittest, sondern um es gegen deine Schuldgefühle in die Waagschale zu werfen. Als wertvolles Mitglied einer Gemeinschaft darf man auch mal Unterstützungsangebote empfangen. So wie man nach vielen Jahren des Einzahlens in die Sozialversicherung auch zur Kur gehen darf. Die zweite Art, das Prinzip der generalisierten Reziprozität für dich zu nutzen, ist, dir bewusst zu machen, dass du auch zu einem späteren Zeitpunkt wieder für ein Gleichgewicht sorgen kannst. Dann wäre die Hilfeleistung, die du jetzt erbittest, so etwas wie ein Kredit, den du später zurückzahlst. Oder du kannst, da das Prinzip ja auf einer universelleren Ebene als der direkten Wechselseitigkeit funktioniert, jemand anderen das Gleichgewicht herstellen lassen.

„Aus einer Selbsthilfegruppe für Mütter mit psychischen Belastungen kennen sich Agnes und Zarah. Sie freunden sich an und unterstützen sich gegenseitig. Als es Agnes nach der Geburt des zweiten Kindes wieder schlechter geht, unterstützt Zarah sie sehr und kümmert sich um Agnes erstes Kind. Am Wochenende, wenn Agnes' Mann den Tag mit beiden Kindern verbringt, damit sie schlafen und sich ausruhen kann, nimmt er Zarahs Kind ebenfalls mit. Die Kinder kennen sich und verbringen gerne Zeit miteinander und ihm macht es seiner Aussage nach nichts aus, ob die beiden großen Kinder gemeinsam über den Spielplatz laufen oder nur seines. So kommt auch Zarah immer wieder zu einem freien Nachmittag am Wochenende."

Michèle über Agnes (Mutter zweier Kinder) und Zarah (Mutter eines Kindes)

DIREKTE WECHSELSEITIGKEIT

Sie ist der Grund, warum wir bezahlte oder institutionelle Hilfe meist leichter annehmen können. Und der Vollständigkeit halber möchten wir das hier auch erwähnen: Wenn du die Kraft und/oder die finanziellen Ressourcen hast, für die in Anspruch genommene Unterstützung eine Gegenleistung zu offerieren und es dir damit besser geht, dann bitte tu das. Möglicherweise hat euch die Wochenplanung geholfen, ein wenig Geld zu sparen, da ihr nicht mehr dreimal die Woche einkaufen geht, sondern nur noch einmal. Das bisschen, was nun in der Haushaltskasse übrig bleibt, ist vielleicht wirklich gut in eine Haushaltshilfe investiert. Meist sind diese nämlich Gold wert, was die Entlastung angeht. Wenn es finanziell machbar ist und ihr euch mit „gekaufter" Hilfe wohler fühlt, dann nur zu.

2. AHA: Helfen macht glücklich

Der Mensch ist ein soziales Wesen und lebt schon seit Menschengedenken in großer Gemeinschaft. Die Evolution hat sich etwas

Schönes einfallen lassen, um den Menschen dafür zu belohnen, dass er seinesgleichen unterstützt. Beim Helfen schüttet das Gehirn nämlich Glückshormone aus. Du hast das sicher schon bei dir selbst bemerkt: Es macht dich zufrieden und glücklich, wenn du helfen kannst, wenn du gebraucht wirst und einen wertvollen Beitrag leisten kannst. Können wir helfen, fühlen wir uns wichtig und als Teil der Gesellschaft. Wir fühlen uns selbstwirksam, haben also das Gefühl, etwas bewirken zu können. Das ist nicht nur für die Entwicklung kleiner Kinder sehr wichtig, sondern für jeden Menschen. Etwas provokant gefragt: Du gönnst dir selbst dieses schöne, tolle Gefühl, gebraucht zu werden und wichtig zu sein, anderen willst du aber nicht die Chance geben, dir zu helfen und sich ebenfalls wichtig zu fühlen? Du könntest doch beim nächsten freundlichen Unterstützungsangebot – und wenn du darauf achtest, sind die gar nicht so selten, wie du vielleicht glaubst – einfach lächelnd „Ja danke, sehr gern!“ sagen. Du kannst dir dann selbst innerlich auf die Schulter klopfen, weil du Hilfe angenommen hast UND die andere Person sich dadurch gut fühlt. Diese Motivation und der Wunsch, der Gesellschaft etwas zurückzugeben, sind die häufigsten Gründe für ehrenamtliches Engagement. Du siehst also: Helfen macht glücklich! Und zwar beide Seiten.

3. AHA: Sich Hilfe holen ist gar kein Tabu

Überhaupt nicht! Es ist eigentlich sogar ganz normal und gewöhnlich, fast schon langweilig. Es gibt Kulturen auf dieser schönen Erde, da ist es absolut normal, dass der große Familienverband sich gegenseitig unterstützt. Ganz besonders im Wochenbett. Tatsächlich suchen auch hier bei uns viele Menschen in belastenden Situationen Hilfe im sozialen und privaten Netz, laut dem Soziologen S. Barth (1998) sogar die überwältigende Mehrheit von 89 %.

HILFE IN ZAHLEN

Eine Studie von Groschwitz und Kollegen von 2016 konnte zeigen, dass knapp 16 % der erwachsenen Bevölkerung mindestens einmal in ihrem Leben psychotherapeutische oder psychiatrische Hilfe in Anspruch genommen haben. Jährlich sind es, so Rommel (2018), 11 % der volljährigen Frauen, die sich psychotherapeutische Hilfe suchen, also fast jede sechste Frau. Das Statistische Bundesamt vermeldete für 2019 477.000 durchgeführte Erziehungsberatungen und das Müttergenesungswerk 114.000 Beratungen zu Mutter-Kind-Kuren. 47.000 Mütter nahmen an einer Mutter-Kind-Kur oder einer Mütter-Kur teil. Und all das war noch, bevor eine Pandemie unser aller Leben komplett auf den Kopf gestellt und Mütter mit einer Home-Office-Home-Schooling-Kombination ins Verderben geschickt hat. Dabei kratzt das nur an der Oberfläche der Belastungen, die COVID-19 für uns alle bedeutet (hat).

Heureka! Ja, wenn das so ist: Wie geh ich's an?

Der Knoten ist geplatzt, unsere AHA-Momente zeigen Wirkung und du bist offen dafür, es zu versuchen? Wunderbar! Wenn du lieber erst mal langsam starten möchtest, dann hilft dir vielleicht folgende Erkenntnis aus jahrelanger persönlicher und beruflicher Erfahrung: Hilfe ist überall und wird dir viel öfter angeboten, als dir bewusst ist. Meistens wischst du die Angebote nämlich einfach weg oder nimmst sie gar nicht ernst. Manchmal sind sie auch etwas tollpatschig oder ungenau formuliert. „Melde dich, wenn du Hilfe brauchst!" – oft gehört und selten eingelöst. Starte also am Anfang einfach mal damit, besonders aufmerksam zu sein, wann, wo und wie dir Hilfe angeboten wird und versuche es ganz einfach mal mit einem „Ja". Mach deinem Gegenüber eine Freude und lass ihn oder sie helfen. Der Arbeitskollegin, die spürt, dass du heute im Viereck hüpfst, und die dir anbietet, dass sie doch heute den Abschlussbericht fertig machen könnte, antwortest du ab heute mal mit einem *„Ja, das wäre sehr hilfreich, vielen Dank!“* oder *„Danke, das ist sehr aufmerksam von dir. Damit wäre mir sehr geholfen.“* Auf etwas vage, sehr allgemeine Hilfsangebote könntest du mit *„Hey, weißt du was, da gäbe es wirklich was!“* reagieren und dann einen klaren Wunsch äußern (→ „Wünsche klar äußern“). Oder denjenigen bitten, genauer zu werden, indem du nachfragst. *„Danke, das ist ein liebes Angebot. Was wäre denn eine Hilfe, die du dir vorstellen könntest?“* Der kinderlose Freund möchte vielleicht lieber nicht allein auf dein(e) Kind(er) aufpassen, könnte sich aber gut vorstellen, sich um euren Hund zu kümmern, wenn ihr es stressig habt oder du krank bist. Das ist okay und kann ganz offen besprochen werden. Hast du ein paar gute Erfahrungen gesammelt, kannst du selbst aktiv werden. Bitte um Hilfe in Bereichen, in denen du besonders gut Verantwortung abgeben kannst, und beginne mit Personen, von denen du weißt, dass du ganz offen sprechen kannst und denen du vertraust. Um Hilfe bitten kann man lernen und du bist gerade auf dem besten Weg!

Wünsche klar äußern

Im besten Fall fühlst du dich nach unseren Ausführungen bereit, dir Hilfe zu suchen, weil du jetzt weißt, dass das völlig legitim ist und der richtige Weg aus deiner Überlastung. Einen Schritt hast du aber noch vor dir: Du musst aktiv darum bitten und/oder Angebote annehmen – und zwar so, dass am Ende beide Seiten zufrieden sind. Wie so oft ist das eine Frage der Kommunikation. Je genauer ihr die Eckpunkte klärt, desto reibungsloser wird alles laufen und desto mehr Entlastung wirst du spüren. Das klingt nach Arbeit, ist aber weniger aufwendig als gedacht, und am Ende profitierst du davon.

Deine Bedürfnisse kennen

Bevor du um Hilfe bittest, solltest du wissen, was du wirklich brauchst und willst. Das klingt ein wenig seltsam, aber oftmals sind uns unsere Bedürfnisse selbst nicht ganz klar. Vor allem dann, wenn wir sie vielleicht schon (jahre)lang unterdrückt und ignoriert haben. Etwas, das insbesondere Frauen im Laufe ihrer Sozialisation verinnerlicht haben: Sie werden dazu erzogen, sich immer um andere zu kümmern und die eigenen Bedürfnisse hinten anzustellen. In der Mutterschaft kommt das besonders deutlich zum Ausdruck.

Deine Gefühle zu äußern, ist ein wichtiger Schritt; sich zu öffnen ist heilsam. Aber auf eine Gefühlsäußerung folgt nur selten eine konkrete helfende Handlung deines Gegenübers. Formuliere, was du im Detail brauchst.

DIE EIGENEN BEDÜRFNISSE ERKENNEN

Du sagst zu deinem Partner: „Ich bin erschöpft." Du bist also körperlich und/oder emotional entkräftet und ausgelaugt. Das ist ein Gefühl. Er kann darauf auf verschiedene Arten reagieren. Vielleicht nimmt er dich in den Arm und drückt sein Mitgefühl aus. Vielleicht fragt er nach, warum du dich so fühlst? Vielleicht hat er gleich einen Lösungsvorschlag. Oder aber er fühlt sich angegriffen und verteidigt sich: „Das ist nicht meine Schuld, ich versuche ja, dir zu helfen."

Vielleicht wünschst du dir mehr Schlaf. Oder aber mehr Zeit für dich – für deine Hobbys, Sport, zum Lesen, für soziale Kontakte. Oder Entlastung von deinen vielen Aufgaben, etwa Hilfe im Haushalt. Hinter einem Gefühl können so viele Bedürfnisse stecken. Du musst sie erkennen und darüber sprechen.

Erkunde, was genau dir weiterhelfen würde, woran es wirklich hakt. Das ist gar nicht so einfach. Nimm dir die Zeit, setze dich in Ruhe hin und mache eine Liste, eine Mindmap – womit auch immer du dich wohlfühlst. Allein und vielleicht auch mit deiner Familie zusammen. Eventuell haben sie noch andere Ideen oder können dir helfen, deine Bedürfnisse aufzuspüren. Inspirationen für mögliche Hilfen findest du im Kapitel → „So kann Hilfe aussehen“. Priorisiere, was am wichtigsten ist. Und dann kannst du potenzielle Helfer und Helferinnen darum bitten, konkrete Aufgaben zu übernehmen: „Ich bin erschöpft, bitte geh mit den Kindern auf den Spielplatz, ich muss ein paar Stunden schlafen.“

Kommunikationstipps

Damit das möglichst ohne Missverständnisse und enttäuschte Erwartungen funktioniert, haben wir hier noch einige Tipps für dich:

Formuliere deine Bitten positiv!
Sag, was du willst, nicht, was du nicht willst.
Statt: *„Ich möchte nicht so viel mit dem Baby allein sein.“*
Besser: *„Ich möchte, dass du mir Gesellschaft leistest.“*

Formuliere klar, konkret und eindeutig!
Sag genau, was dein Gegenüber für dich tun soll.
Statt: *„Ich brauche Hilfe im Haushalt.“*
Besser: *„Ich bitte dich darum, mir jedes Wochenende einmal die Wohnung zu saugen.“*

Formuliere auch deine Gefühle und Bedürfnisse mit!
Sonst klingt deine Bitte wie eine Forderung, in der implizit meist Kritik oder ein Urteil mitschwingt (siehe Kasten).
Statt: *„Übernimm den Wocheneinkauf."*
Besser: *„Ich fühle mich überlastet, weil zu viel zu tun ist und brauche jemanden, der mir alltägliche Aufgaben abnimmt. Bitte übernimm für mich an diesem Samstag den Wocheneinkauf."*

Frag nach, ob dein Anliegen verstanden wurde, und lass dein Gegenüber deine Bitte in eigenen Worten wiederholen!
Dann weißt du, ob sie richtig angekommen ist. Empfindet dein Gegenüber das als seltsam, erkläre ihm, warum du ihn darum bittest: *„Ich möchte in unserer beider Sinne Missverständnisse vermeiden."*

BITTEN VS. FORDERUNGEN

Marshall B. Rosenberg hat eine sehr einfache Entscheidungshilfe für alle, die sich nicht sicher sind, ob sie selbst oder die sprechende Person gerade eine Forderung oder eine Bitte äußert: Beobachte, wie du dich verhältst/dein Gegenüber sich verhält, wenn die Bitte NICHT erfüllt wird.

„Es ist eine Forderung,
- wenn die sprechende Person die andere daraufhin kritisiert oder verurteilt.
- wenn die sprechende Person der anderen daraufhin Schuldgefühle macht.

Es ist eine Bitte,
- wenn der Sprecher oder die Sprecherin anschließend einfühlsam auf die Bedürfnisse der anderen Person reagiert."

Aus: Marshall B. Rosenberg (2001): Gewaltfreie Kommunikation, S.86 f

Wenn im Zusammenhang mit einer Bitte folgende Gedanken auftauchen, ist Vorsicht geboten: „Er sollte ...", „Sie müsste ...", „Eigentlich verdiene ich ...", „Ich habe ein Recht auf ..." – dann ist die Forderung nicht weit.

Auf Forderungen kann dein Gegenüber fast nur auf zwei Arten reagieren: Sie oder er tut, was du sagst, ohne zu wissen, warum, und mit einem unguten Gefühl. Oder sie bzw. er fühlt sich verletzt und schlägt deshalb deine Bitte aus.

Leider tragen wir oft große Schuldgefühle mit uns herum. Sie erschweren es uns, Bitten nicht als Forderungen zu verstehen. Deshalb bereite deine Bitten am besten vor, in dem du Gefühle und Bedürfnisse erläuterst, sodass potenzielle Helfende sich einfühlen und dann entscheiden können, ob sie der Bitte nachkommen.

Welche Fragen müssen geklärt werden?

Wenn deine Bitte um Hilfe angenommen wird, dann klärt genau, worin die Hilfe bestehen soll. Die Rückfrage, ob deine Bitte angekommen ist, gehört schon dazu. Vor allem bei wiederkehrenden oder aufwendigeren Aufgaben sollten darüber hinaus zumindest folgende Fragen geklärt sein:

Was?
Es hilft dir jemand im Haushalt. Was heißt das konkret? Wäsche waschen? Böden wischen? Fenster putzen? Aufräumen? Bäder putzen?

Wann bzw. wie oft?
Ist es eine einmalige oder regelmäßige Hilfe? Einmal in der Woche, jeden Dienstag von 14:00 bis 16:00 Uhr Babysitten, wäre zum Beispiel eine sehr konkrete Zeitangabe, auf die sich alle Beteiligten einstellen können.

Wo?
Die Antwort darauf ergibt sich tatsächlich nicht immer aus der Aufgabe. Geht es um Kinderbetreuung, macht es hier einen großen Unterschied, ob sie zu Hause stattfindet oder außerhalb eurer vier

Wände. Vielleicht fühlst du dich wohler, wenn die Kinder in deiner Nähe sind? Oder aber du brauchst dringend Freiraum und freust dich schon darauf, ganz in Ruhe und ohne greifbar zu sein, einige Stunden für dich zu haben.

Wie?
Bei dieser Frage geht es nicht darum, genau vorzuschreiben, wie etwas getan werden soll. Denk dabei an eure Familienregeln. Unterschiedliche Wege führen zum gleichen Ziel. Lass los und vertraue. Aber stell im Vorfeld klar, was deine No-Gos sind.

Mit Ablehnung umgehen

Wenn du jemanden um Hilfe bittest und diese abgelehnt wird, dann nimm das niemals persönlich! Du hast eine Bitte geäußert und dein Gegenüber entscheidet, ob es dieser nachkommen möchte und vor allem kann. Im Idealfall erfährst du, was dahintersteckt, aber nicht immer. So wie du deine Grenzen wahrst, musst du auch die Grenzen der anderen akzeptieren. Sieh es als gutes Zeichen, wenn dein Gegenüber sich klar ausdrückt und nicht aus ungünstigen Motiven heraus (Pflichtgefühl, Erwartung einer Gegenleistung ...) Hilfe zusagt, die sie oder er eigentlich nicht leisten möchte.

Fallen harsche Worte oder wirst du persönlich angegangen, dann distanziere dich innerlich. Der Grund für (verbal) aggressives Verhalten liegt bei der Person, die spricht, und ist in diesem Fall nicht deine Baustelle. Lass dich davon nicht verunsichern. Es war dennoch gut, dass du deine Bedürfnisse und deine Wünsche geäußert hast. Wenn dich eine Reaktion sehr verletzt, kannst du im Anschluss oder auch später noch einmal das Gespräch suchen. Frage dich aber, ob du dafür genug Kapazitäten übrig hast.

So kann Hilfe aussehen

Falls dir noch Ideen fehlen, für welche Aufgaben und To-dos du um Hilfe bitten kannst, haben wir hier eine (unvollständige) Liste als Inspiration. Denn gerade, wenn man schon eine lange Zeit alles allein erledigt hat, ist es gar nicht so einfach zu erkennen, was man alles abgeben kann.

- *Kinderbetreuung (regelmäßig oder punktuell, gemeinsam oder allein)*
- *Verpflegung (kochen, einkaufen, bestellen, backen ...)*
- *Haushalt (putzen, aufräumen, Gartenarbeit, Putzdienste in Mietshäusern, Wäsche, kleinere Reparaturen ...)*
- *organisatorische Hilfe (jemand koordiniert für dich Kinderbetreuung, Arztbesuche, Hilfseinsätze, Familienfestlichkeiten ...)*
- *Begleitung zu wichtigen Terminen (Ärzte, Ämter, KiGa, Schule, Ex-Partner, Reisen ...)*
- *bei dir sein/dich begleiten/Zeit mit dir verbringen*
- *Hilfe bei Behördendingen (Anträge ausfüllen usw.)*
- *Babypflege (baden, füttern, wickeln ...)*
- *ein offenes Ohr für dich*
- *Kinder bringen/abholen (KiGa, Schule, Sport, Musikunterricht, Schwimmen ...)*
- *Helfen, professionelle Hilfe zu finden (Recherche, Hinterhertelefonieren ...)*
- *vermittelnde Tätigkeit, Mediation (bei Konflikten mit z. B. Expartner, Behörden, Arbeitgebern ...)*
- *finanzielle Hilfe*
- *Nachhilfe/Hausaufgabenbetreuung*
- *Erledigungen (abseits von Lebensmitteleinkäufen)*

Du hast noch weitere Ideen und Vorschläge, welche Hilfen Eltern im Alltag entlasten? Dann schreib sie uns an info@mamafuersorge.com, damit noch mehr Mütter und Väter davon profitieren.

Mit unerwünschter Hilfe umgehen

Erinnerst du dich noch ans Wochenbett, oder steckst du vielleicht gerade noch mittendrin? Dann hast du mit Sicherheit auch die Erfahrung gemacht, dass es gar nicht so einfach ist, „Nein“ zu sagen, wenn Besuch vorbeikommen will. Selbst wenn er sich Gedanken gemacht, Kuchen mitgebracht und dir das Kind abgenommen hat, hättest du vielleicht lieber allein mit dem Neugeborenen im Bett gelegen? Und du hast auch noch gar nicht daran denken können, es in fremde Hände zu geben. Abgesehen von den reinen Baby-Begrüßungsbesuchen können auch die überfordern, die helfen wollen. Und das gilt nicht nur im Wochenbett, sondern immer. Wir haben dir ausführlich erklärt, warum es gut, wichtig und richtig ist, dir Hilfe zu suchen und anzunehmen. Aber was, wenn Hilfe angeboten oder geleistet wird, mit der du dich unwohl fühlst? Diese abzulehnen, wo du doch an anderer Stelle darum gebeten hast, ist doppelt schwierig. Aber: Du hast jedes Recht, auf dich und deine Bedürfnisse zu achten, auf deine Gefühle zu hören und Grenzen zu setzen: Bis hierhin und nicht weiter! Schließlich dringen Helfende im Familienalltag auch in etwas Intimes ein, in euer Reich, euer Leben. Ihr entscheidet, wie weit Hilfe gehen darf.

Kontakte und Hilfe sollen dir und euch guttun und euch weiterbringen. Dazu braucht ihr nicht zwingend eine Rundumbetreuung. (Wenn du das möchtest, ist es aber auch okay! Du bestimmst die Regeln.) Je besser im Vorfeld die Familienregeln (→ „Eure Familienregeln“), eure Prioritäten und No-Gos kommuniziert wurden, umso leichter ist es nun, Grenzen zu ziehen und „Nein“ zu sagen. Gründe, warum Hilfe auch kontraproduktiv sein kann, gibt es einige: Manche Helfer oder Helferinnen sind zu überengagiert und stehen unangemeldet vor der Tür. Wieder andere sind mit der Situation oder den Umständen überfordert und/oder übernehmen sich. Manche erwarten vielleicht eine Gegenleistung. Und eine sehr kleine Gruppe ist dabei empathielos und gibt dir ein richtiges schlechtes Gefühl. Glücklicherweise ist das aber selten der Fall. Trotzdem wollen wir dich gut gerüstet wissen und dir zeigen, wie du mit nicht hilfreicher Hilfe umgehst.

„Nein" sagen

Bekommst du Hilfe angeboten oder auch aufgedrängt, die du gerade zu diesem Zeitpunkt oder auf diese Art nicht haben willst, dann mach das deutlich. Erkläre, dass du dich über Hilfe freust, aber nicht überrumpelt werden willst, oder dass du darauf zurückkommst, wenn es besser für dich und deine Familie passt.

Formulierungshilfen, um Hilfe abzulehnen:

- *„Vielen Dank für dein Angebot, das freut mich sehr. Mir wäre es lieber, wir würden das vorher absprechen. Vielleicht finden wir einen Zeitpunkt, der uns beiden guttut?"*
- *„Vielen Dank, aber ich/wir machen das auf unsere Weise." (Für denn Fall, dass sich jemand einmischt.)*
- *„Ich freue mich über deine/eure Erfahrung und komme gerne darauf zurück, wenn ich/wir Hilfe/Rat brauchen. Wir freuen uns auch auf unsere eigenen Erfahrungen und möchten diese machen." (Wenn du noch am Anfang deiner Reise als Mutter stehst.)*

Hast du das Gefühl, eine helfende Person ist überfordert oder hat sich selbst zu viel aufgeladen, dann frage einfach wertfrei und direkt nach oder fördere die Eigenverantwortlichkeit deines erwachsenen

Gegenübers, indem du sagst: *„Ich danke dir für deine Hilfe und vertraue dir, dass du mir sagst, wenn es dir zu viel wird."* Benötigst du mehr Unterstützung, als diese Person leisten kann – und das gilt auch für den Partner – dann müssen die Aufgaben auf mehrere Personen verteilt oder professionelle Hilfe dazugeholt werden. Für den Fall, dass der Helfer oder die Helferin eine Gegenleistung erwartet, raten wir dir: Macht von vornherein klar, was ihr voneinander erwartet. Uns ist bewusst, dass das ein ungewöhnliches Gespräch ist, aber es wird sich lohnen. Sprich es proaktiv an: *„Ich bitte dich in Bereich XY um Hilfe, weil ich das allein aktuell nicht schaffe. Und weil ich so überlastet bin, kann ich dir dafür aktuell erst einmal nichts zurückgeben. Ist das für dich in Ordnung?"* Ihr könnt ja gemeinsam in die Zukunft schauen, das können zwei Wochen sein oder ein Jahr. *„Wenn es mir besser geht, ich wieder mehr Luft habe, kann ich gerne etwas für dich tun. Was würdest du dir wünschen?"* Dein Gegenüber wird diese Ehrlichkeit zu schätzen wissen. Falsche Hoffnungen soll sich niemand von euch machen – sie führen nur zu Enttäuschungen. Und für die kleine, aber sehr belastenden Gruppe derer, die nicht einfühlsam, sondern bewertend und geringschätzig mit dir umgehen, sagen wir dir: Stähle dich und grenze dich ab!

Die Lösung: Abgrenzung

Grenze dich sofort und klar ab, wenn du verurteilt, beschimpft oder verspottet wirst. Ein derartiges distanzloses Verhalten und solche Beziehungen sind Gift. Sie machen dich unglücklich. Erkläre kurz und knapp, warum dich diese Bemerkungen verletzen. Ist dein Gegenüber bereit, sich zu ändern, sich aufrichtig zu entschuldigen, könnt ihr einen zweiten Versuch wagen. Aber sollte so etwas öfter vorkommen: Distanziere dich. Zumindest für den Moment, bis du Kraft hast, diese Beziehung, sofern sie dir wichtig ist, wieder zu kitten. Du weißt nicht, warum solche Äußerungen getätigt werden, aus Unwissenheit, eigenen Verletzungen, schierer Überforderung. Es gibt viele Gründe. Aber damit kannst und sollst du dich erst auseinandersetzen, wenn du die Kraft dafür hast. Achte hier in erster Linie auf dich und deine Bedürfnisse.

Es ist wichtig, dass du unerwünschte Hilfe ablehnst. Selbst, wenn sie „nur" nervig ist und euch im Alltag stört. Oftmals generiert sie aber Scham und Schuldgefühle auf deiner Seite, die überhaupt nicht notwendig sind, und kratzt an deinem Selbstwert. Lass das nicht zu. Stehe auch hier für dich ein. Aber vermutlich wird dir diese Art der Hilfe viel seltener begegnen als Menschen, die ein echtes Interesse an deinem Wohlergehen haben und dir gerne helfen – sodass es für dich passt und ohne sich aufzudrängen.

Für Angehörige und alle, die helfen wollen

„Melde dich, wenn du was brauchst!" – Dieser Satz ist gut gemeint, aber nicht unbedingt gut gesagt. Er ist so unkonkret, dass er oft nicht gehört wird und ungenutzt verhallt. Wenn du Partnerin oder Partner, Freundin oder Freund beziehungsweise Angehörige oder Angehöriger einer Mutter bist, die Hilfe braucht – und das sind nahezu alle, mal mehr und mal weniger – dann hast du ihn vielleicht trotzdem schon geäußert. Und dich dann gewundert, warum dein Angebot nicht angenommen wurde. Das liegt womöglich daran, dass es gar nicht so einfach ist, Hilfe anzunehmen oder sogar darum zu bitten. In diesem Kapitel möchten wir dir zeigen, wie du Hilfe richtig anbietest, mit Müttern umgehst, denen es nicht gut geht, und wie dein Helfen für dich nicht zur Belastung wird. Kurz: wie du helfen kannst.

Zwischen Anbieten und Aufdrängen

Wenn du um Hilfe gebeten wirst, dann ist die Situation recht eindeutig. Oftmals ist es aber so, dass du merkst: Meine Frau/Freundin/Tochter ... braucht Hilfe, aber sie äußert das nicht. Vielleicht hat sie es selbst noch gar nicht gemerkt oder sich noch nicht eingestanden. Einen wichtigen Schritt hast du bereits getan: Du warst aufmerksam und hast auf die Menschen in deinem Umfeld geachtet, hast wahrgenommen, dass eine Mutter überfordert oder überlastet ist, traurig oder unglücklich. Wie kannst du deine Hilfe nun konkret anbieten?

Kommuniziere dein Angebot klar und konkret
Gerade Mütter, die schon (nahe) am Limit sind, haben wenig Energie, Kraft und Zeit übrig, Hilfe einzufordern und zu koordinieren. Sei deshalb in deinen Angeboten möglichst konkret und liefere die wichtigsten Informationen gleich mit:

- *„Sehr gerne passe ich am Wochenende auf dein Kind auf. Wann ist es denn am besten?“*
- *„Ich bringe dir im Wochenbett gerne etwas zu Essen vorbei. Was magst du denn am liebsten?“*
- *„Ich gehe jeden Mittag spazieren und nehme das Baby gerne mit, auch regelmäßig, wenn das für euch in Ordnung ist.“*
- *„Wenn ich meinen Sohn vom Kindergarten abhole, kann ich deinen gerne mitnehmen. Vielleicht passt es diesen Freitag?“*
- *„Ich gehe Samstag Vormittag immer Einkaufen – soll ich eure Einkäufe mit erledigen?“*

usw.

Hilfsangebote müssen nicht zweckgebunden sein

Wenn Mütter das Gefühl haben, nur dann ein Recht auf Hilfe zu haben, wenn es gar nicht anders geht, laufen sie Gefahr, schnell auszubrennen. Knüpfe dein Hilfsangebot deshalb nicht immer an bestimmte Voraussetzungen. Statt *„Wenn du zum Arzt musst, passe ich gerne eine Stunde auf das Baby auf“* geht auch *„Ich kann am Nachmittag gerne auf dein Baby aufpassen.“* Dann kann die Mutter vielleicht auch einfach mal in Ruhe einen Kaffee trinken, während sie ihr Kind versorgt weiß. Es geht nicht (nur) um Hilfe in Notsituationen, sondern vor allem auch um Entlastung im Alltag.

Vorsicht bei ungefragter Hilfe

Einfach mit einem Kuchen vor der Tür erscheinen, das Kind spontan zum Ausflug einladen oder „mal kurz vorbeischauen“ – nicht immer kommt das gut an. Es ist manchmal ein schmaler Grat zwischen Hilfe anbieten und Hilfe aufdrängen, den jede und jeder für sich anders zieht. Deshalb raten wir dir, immer vorher zu fragen. Damit du die frischgebackene Mutter nicht dann erwischst, wenn sie sich gerade mit dem Baby hingelegt hat, oder du den Rasen der befreundeten Nachbarin nicht mitmähst, wenn ihre Kinder endlich eingeschlafen sind. Ein kurzer Anruf vorher hilft, unangenehme Gefühle auf beiden Seiten zu vermeiden.

Sei greifbar
Auch wenn deine Angebote nicht gleich angenommen werden: Mach dich nicht rar und sei nicht beleidigt. Bleibe in Kontakt. Signalisiere immer mal wieder, dass du für Hilfe zur Verfügung stehst. Es ist oft ein längerer Prozess, bis Mütter in der Lage sind, wirklich loszulassen und bestimmte Aufgaben abzugeben. Oder bis sich eine Situation ergibt, in der dein Angebot wirklich passt. Sei weiterhin aufmerksam – die Betreffende wird das wahrnehmen und wertschätzen.

Praktische und emotionale Hilfe

Im Kapitel → „So kann Hilfe aussehen“ findest du eine Ideen-Liste, welche konkreten Hilfen möglich sind. Von Babysitten über den Gang zum Amt bis hin zum Reparieren der Waschmaschine. Diese praktischen Dinge sind es, die im Alltag häufig anfallen, und zwar meist so geballt, dass es irgendwo hakt. Jemand, der mit anpackt, regelmäßige Aufgaben übernimmt oder dann einspringt, wenn Not am Mann oder an der Frau ist, ist deshalb immer gefragt.

Manchmal braucht man aber auch „nur“ einen Menschen, der da ist, zuhört, tröstet, in den Arm nimmt und Verständnis zeigt. Der Gesellschaft leistet. Gerade im ersten Jahr mit Kind fühlen sich viele Mütter sehr einsam und trotz aller Überforderung, die ein Baby mit sich bringt, geistig unterfordert und sozial ausgegrenzt. Wo sie sich früher vielleicht im Büro austauschen, beim Ausgehen mit der Clique von ihren Problemen erzählen konnten, ist jetzt nur noch dieser kleine Wurm – der zwar niedlich ist und Aufmerksamkeit fordert, aber eben (noch) nicht zuhört.

Deshalb ist häufig schon viel geholfen, wenn man die Mutter aus ihrer Einsamkeit holt, sie besucht, sie anruft, sie zum Spaziergang einlädt. Gerade wenn du selbst Kinder hast, kannst du dich leichter einfühlen, davon erzählen, wann du mit den Kindern an deine Grenzen gekommen bist und vielleicht auch deinen Rat anbieten. Aber in den Arm nehmen ist oft heilsamer als zehn verschiedene gut gemeinte Lösungsvorschläge. Wenn Mütter sich gesehen fühlen, fällt eine große Last von ihnen ab, und Gesellschaft zu haben, unterbricht die negativen Gedankenspiralen und Grübeleien.

Achtung: Das heißt nicht, dass du rund um die Uhr dabei sein musst – wenn sich die Mutter das wünscht oder sie das braucht, muss das entweder mit anderen Helfenden oder mit professioneller Unterstützung organisiert werden – du allein kannst das nicht leisten.

Wie gehst du mit jemandem um, der eine Krise hat?

Wenn du Hilfe leistest und Teil des Lebens einer kleinen oder auch großen Familie wirst, deren Mutter diese Hilfe braucht, solltest du auf ein paar Dinge achten. Einige oder auch alle der folgenden Punkte werden dir wahrscheinlich selbstverständlich vorkommen. Trotzdem möchten wir darauf hinweisen, wie du respektvoll an deine Aufgabe herangehen kannst:

Zeig deutlich, dass du gerne hilfst
Es ist, wie bereits erwähnt, nicht leicht, um Hilfe zu bitten. Deshalb mach klar, dass Helfen etwas ist, was du gerne tust, aus eigenem Antrieb heraus, dass es dich nicht belastet oder stresst. Aufkeimende Schuldgefühle, die bei der betroffenen Mutter zu Unrecht entstehen, werden so vielleicht eingedämmt. Gib der Mutter das Gefühl, dass du gerne tust, was du tust – ob mit Gesten oder Worten.

Sei verschwiegen
Der Mutter, der du hilfst, geht es nicht gut. Das hat sie dir anvertraut. Behalte es also auch für dich. Es sollte kein Tabu sein, darüber zu reden – aber überlass das der Betroffenen. Sie entscheidet, wem sie davon erzählt und auch, wie ausführlich. Du wirst vielleicht

Situationen mitbekommen, die sehr privat sind. Das sollen sie auch bleiben. Wenn du das Bedürfnis hast, über die Situation zu sprechen, ist das natürlich erlaubt. Aber suche dir dafür eine Vertrauensperson und mach es nicht zum Kaffeeklatsch-Thema.

Zeig Verständnis

Mütter, die mit ihrer aktuellen Lebenssituation überfordert sind, brauchen wie alle Menschen Verständnis, Akzeptanz und Respekt. Keine Vergleiche oder Verurteilungen. Auch wenn du viele Gefühle nicht nachvollziehen kannst, halte dich mit Bewertungen zurück und auch mit ungefragten Ratschlägen. Signalisiere, dass du ihre Not siehst und anerkennst und ihr helfen möchtest.

Halte dich an die (Familien-)Regeln

Sicher werdet ihr zu Beginn oder im Laufe deiner Hilfe über bestimmte Regeln oder Grundsätze sprechen. Sei es, dass die Kinder bestimmte Dinge nicht essen dürfen oder die Schlafenszeit sehr fix ist. Jede Familie hat ihre eigenen Regeln und einige davon sind besonders wichtig und unumstößlich. Halte dich daran. Falls sie nie zur Sprache kommen, frag nach: *„Was ist dir/euch besonders wichtig? Worauf soll ich achten?“* Das verhindert Konflikte und Missverständnisse.

Schaffe keine Abhängigkeiten

Hilfe ist reziprok – das heißt, wir geben und bekommen in unserem Leben jede Menge davon. Das heißt aber nicht, dass wir für jeden Gefallen, den wir tun, postwendend einen Ausgleich bekommen (müssen). Vielleicht hilfst du der Mutter und in einigen Wochen kann dir ihr Partner etwas Gutes tun. Oder auch du bekommst einmal Hilfe von einer Person, für die du dich nicht direkt revanchieren kannst. Das ist okay, so funktionieren Hilfsbeziehungen und soziale Systeme. Fordere also nicht einen Ausgleich ein, den die Mutter nicht leisten kann oder will. Schaffe keine Abhängigkeiten und Schuldgefühle. Euer Arrangement ist freiwillig und das sollte es auch bleiben.

Sei aufmerksam

Je nach deinen Aufgaben bist du vielleicht sehr nah an der Mutter und den Kindern dran, verbringst viel Zeit mit der Familie. Bleibe aufmerksam, ob sich Bedürfnisse und Stimmungen dort ändern. Wenn du merkst, dass es der Mutter oder anderen Familenmitgliedern immer schlechter geht, sprich das an. Vielleicht reicht dann die aktuelle Hilfe nicht aus und ihr müsst professionelle Hilfe in Anspruch nehmen. Du bist nicht verpflichtet, das im Auge zu haben, und es ist auch oft nicht leicht, solche Kipppunkte zu erkennen. Wenn du aber mit offenen Augen, Ohren und einem offenen Herz an die Sache herangehst, kann das im Zweifel einen großen Unterschied machen. (Siehe dazu auch die Tests im Kapitel → „Psychische Krisen“.)

MITLEID VS. MITGEFÜHL

Es ist wichtig, Mitgefühl für die betroffene Mutter aufzubringen, aber weder mitzuleiden noch zu bemitleiden. Das heißt konkret: Eine emotionale Bindung ist hilfreich, genau wie der Versuch, zu verstehen, was im Gegenüber vorgeht. Aber mitzuleiden, sich ohne die nötige Distanz in den Kummer der anderen hineinzuversetzen, hilft weder dir noch derjenigen, der du helfen möchtest. Denn Mitleid raubt beiden Seiten Kraft und wird als belastend empfunden. Die Mütter haben dann zusätzlich Angst, ihrem Umfeld Sorge zu bereiten, und dir fehlt die nötige Abgrenzung, um eine Stütze zu sein. Mitgefühl hingegen lässt Raum für Trost und Veränderung.

Wie gelingt Mitgefühl?

- Akzeptiere die Verhältnisse, wie sie sind. Das beugt falschen Erwartungen und Verurteilungen vor.
- Verbinde dich emotional, aber wahre Distanz, um weiterhin Lösungen sehen zu können.
- Bleib ansprechbar, gehe auf die Mutter zu und nimm Anteil, sodass sie sich nicht allein fühlt.
- Vermittle Hoffnung und Zuversicht, um einen Weg aus der aktuellen Lage zu weisen.
- Zeige Verständnis, nimm die Mutter ernst und respektiere ihre Gedanken und Gefühle.

Nach: Tanja Sahib (2018): Darauf waren wir nicht vorbereitet.

Achte auch auf dich

Als Helfende oder Helfender musst du aber auch dir gegenüber aufmerksam sein: Was sind deine Bedürfnisse? Wie kommst du mit der Situation klar? Hinterfrage dich immer wieder, damit nicht am Ende du selbst leidest.

Mach deine Grenzen klar
Sag, wenn dich etwas überfordert. Das ist menschlich. Kläre von Anfang an, wie viel Zeit und Raum du hast, um zu helfen. Es bringt nichts, wenn auch du über deine Grenzen gehst und am Ende noch eine Person mehr ausgebrannt ist.

Handle nicht aus Schuld- oder Verpflichtungsgefühlen
Wir haben bereits erwähnt, dass du ruhig zeigen kannst, wie gerne du hilfst. Das klappt natürlich nur, wenn das auch so ist. Wenn du nur hilfst, weil du dich genötigt oder verantwortlich fühlst, ist das keine gute Basis. Nicht nur du bist dann unglücklich mit der Situation, sondern auch die Mutter, die spüren wird, dass bei dir innere Widerstände vorhanden sind. Vielleicht kannst du dann zumindest behilflich sein, woanders Hilfe zu finden. Wenn du nicht helfen möchtest, zwingt dich niemand dazu. Ausgenommen sind hier alle Personen, die tatsächlich dem Wohle der Kinder verpflichtet sind, also alle Sorgeberechtigten.

Zieh dich zurück, wenn es dir zu viel wird

Es kann sein, dass du dich überschätzt hast, dass dir bestimmte Aufgaben zu viel werden oder du merkst, dass du dafür nicht geeignet bist. Vielleicht kommst du mit den Kindern nicht so zurecht, wie du dachtest. Oder aber in deinem Leben ändert sich etwas, das dich stark beansprucht und dir keine Zeit mehr lässt, um anderen zu helfen. Oder aber dich belastet die Situation emotional zu sehr. Was es auch ist: Du darfst dich natürlich jederzeit zurückziehen. Sag nur bitte den Betroffenen rechtzeitig Bescheid und, wenn es dir möglich ist, begründe dein Verhalten. So fühlt sich niemand vor den Kopf gestoßen oder im Stich gelassen. Wenn du glaubst, es geht nicht mehr ohne professionelle Hilfe, dann äußere das (→ „Das ist alles zu viel“).

Der Partner als Stütze und Halt

Als Partner einer Mutter in der Krise stehst du vor einer besonderen Herausforderung: Du bist wahrscheinlich besonders nah dran, sowohl räumlich als auch emotional. Halt und Hilfe zu geben und gleichzeitig damit zurechtzukommen, dass deine Partnerin leidet, ist eine enorme Belastung. Christopher End, Autor, Coach und Therapeut in eigener Praxis in Köln, begleitet Familien bei Herausforderungen und großen Gefühlen hin zu mehr Verbindung. In seinem Podcast „Eltern-Gedöns“ bringt er jede Woche entweder Tipps oder Interviews zum achtsamen Leben mit Kindern. Wir haben ihn dazu interviewt und er hat einige Tipps für dich, wie du die Mutter im Falle einer psychischen Erkrankung unterstützen kannst.

DIE VERANTWORTUNG, DA ZU SEIN

Interview mit Therapeut und Coach Christopher End

Wenn es meiner Partnerin oder meinem Partner schlecht geht, er oder sie psychisch erkrankt, dann helfe ich in den meisten Fällen gerne. Stehe dann aber, vor allem wenn Kinder im Spiel sind, selbst vor einer doppelten Herausforderung: Eine belastete Partnerin oder einen belasteten Partner stützen und viele Aufgaben neu übernehmen. Wie geht man das am besten an, ohne selbst in die Überforderung zu rutschen?

Das hört sich nach einer Herkulesaufgabe an – und das ist es auf gewisse Weise auch. Der erste Schritt ist, dies anzuerkennen, die Größe der Aufgabe. Um beim Bild des Herkules zu bleiben: Der griechische Held schafft tatsächlich Unmögliches und vollbringt die berühmten zwölf Taten, die ihm auferlegt wurden. Herkules hat allerdings reichlich Unterstützung, und zwar von göttlicher Seite, so erhält er sein Schwert von Hermes, Pfeil und Bogen von Apollon. Wo finden wir also unsere Unterstützung? Und wenn wir der Sage folgen, dann darf es göttliche Unterstützung sein, also übersetzt: die größtmögliche, die denkbar ist! Die Waffen des Herkules können auch als Ressourcen des Helden gesehen werden – die Frage wäre also: Was sind unsere Kraftquellen? Denn so wenig wie Herkules unbewaffnet seine Taten vollbrachte, so wenig sollten wir, ohne gut für uns zu sorgen, diese Herausforderung angehen. Am Ende geht es darum, sehr gut bei mir selbst zu sein. Den Halt in mir zu finden. In mir zu ruhen – so gut es geht. Das ist es, was dann anderen Halt gibt. Insbesondere den Kindern. Und auch der Partnerin oder dem Partner.

Wichtig ist mir, daran zu erinnern: Es ist nicht unsere Aufgabe, unsere Partnerin oder unseren Partner zu heilen. Es ist unsere Verantwortung, da zu sein – und alles dafür zu tun, auch da bleiben zu können.

Einige Partner oder Partnerinnen zweifeln wahrscheinlich auch an sich. Hätten sie früher bemerken müssen, dass der oder die andere so überlastet und erschöpft ist, dass er oder sie psychisch erkrankt? Haben sie etwas übersehen? Wie geht man mit solchen Schuldgefühlen um?

Schuld ist ein Wort, das mir eine Last aufbürdet. Ein Begriff, der mich klein macht. Mir Kraft raubt. Deswegen spreche ich lieber von Verantwortung. Wohl gemerkt: Mitverantwortung!
Denn psychische Erkrankungen gelten längst als multifaktoriell, das heißt, es gibt nicht die eine Ursache, den einen Grund. Das im Hinterkopf behaltend, kann es durchaus sinnvoll sein, mich zu fragen, welche Mitverantwortung ich an der Situation trage: Wenn ich etwas übersehen habe, wie kam es dazu? Wieso habe ich zum Beispiel die Belastung des anderen nicht eher gespürt? Hier warten spannende Antworten, die mich weiterbringen können. Insbesondere mit Blick auf die Zukunft: Was kann ich bei mir ändern? Und vor allem: Wie kann ich ab sofort, das heißt jetzt, Verantwortung übernehmen?! Bin ich schuldig, dann erwartet mich Strafe und ich werde handlungsunfähig. Bin ich verantwortlich, dann sind da Möglichkeiten und ich komme in meine Kraft.

Wie kann man aus dieser Ausnahmesituation als Paar gestärkt herausgehen? Worauf sollte man achten, um die Paarbeziehung nicht zu gefährden?

Wenn ich die Erfahrung mache, eine solche Ausnahmesituation gemeinsam zu durchleben, wenn ich spüre, dass unsere Liebe auch die dunklen Seiten tragen kann, dann werden wir allein daran als Paar wachsen. Die Frage ist: Wie kommen wir durch das Tal?
Dabei hilft: Weiterhin den Menschen dahinter zu sehen. Wenn es mir gelingt, das Verhalten nicht auf mich zu beziehen, sondern als Teil der Erkrankung zu verstehen, komme ich eher ins Mitgefühl. Wenn es mir gelingt, die Dinge weiterhin zu sehen, die ich an dem anderen schätze, stärke ich meine Liebe. Ganz konkret kann ich mir in Erinnerung rufen, was ich am anderen liebe, wofür ich dankbar bin und was mich vom ersten Tag an fasziniert und verzaubert hat. Vielen Menschen hilft es, diese Dinge bewusst aufzuschreiben. Wissen unterstützt mich dabei genauso wie Verständnis für mich und Kenntnis meiner eigenen Muster.
Wer hier bei sich noch nicht hingeschaut hat, dem lege ich spätestens jetzt eine professionelle Begleitung durch Coaching oder Therapie unbedingt ans Herz. Eine psychische Krankheit ist eine Herkulesaufgabe – und dazu dürfen wir die größtmögliche Unterstützung anstreben.

NUTZE DEIN WERKZEUG, BAU DIR DEIN DORF

Eines ist dir inzwischen klar geworden: Allein wird das nichts. Auf jeden Fall nicht so, wie du dir das vorgestellt hast. So kannst du nicht gut auf dich, deine Partnerschaft und dein(e) Kind(er) achten. Was du brauchst, sind helfende Hände, die dich unterstützen, und Schultern, die die Last mit dir tragen. Du brauchst ein Dorf.

Um ein Kind zu erziehen, braucht es ein ganzes Dorf.
Afrikanisches Sprichwort

Auch wenn Kinder von vielen wertvollen Bindungsbeziehungen profitieren, bezieht sich das afrikanische Sprichwort nicht nur auf die Kinder, sondern auf die Personen, die das Erziehen übernehmen. Denn der Mensch in seiner sozialen Natur ist nicht dafür gemacht, die Last der Verantwortung ganz allein zu tragen. Im Gegenteil! Kein Lebewesen kommt so hilflos und abhängig auf die Welt wie der menschliche Säugling. Sein Überleben konnte die Evolution nur durch das Leben in einer Gemeinschaft und dem kooperativen Aufziehen des kleinen Menschleins sichern. Durch die Möglichkeiten der Moderne wurde unser Leben bequemer, die Individualität rückte in den Vordergrund und die Kleinfamilie trat ihren Siegeszug an. Doch auch die Herausforderungen änderten sich mit den Jahren, wir haben zu Beginn dieses Buches einen ausführlichen Blick auf die Belastungen heutiger Mütter geworfen. Die Lösung ist so alt wie das afrikanische Sprichwort und noch älter: eine sich wechselseitig unterstützende Gemeinschaft, in der sich die Mitglieder gegenseitig helfen und stärken. Ein Dorf. Mit deiner vollgepackten Werkzeugkiste bist du nun gut gerüstet, um die Care-Arbeit, die bisher hauptsächlich auf deinen Schultern lastete, auf weitere Schultern zu verteilen.

WAS IST CARE-ARBEIT

Der Begriff der Care-Arbeit, der seit einigen Jahren vermehrt genutzt wird, umfasst die gesamte Haus-, Pflege- und Fürsorgearbeit, und eigentlich alles, was man/frau so tut, die Erwerbstätigkeit ausgenommen. Hier wird sprachlich deutlich gemacht, dass es sich eben tatsächlich um Arbeit handelt. Auch wenn Wertschätzung und Entlohnung noch nicht entsprechend angepasst wurden (das ist ein anderes Thema), beinhaltet dieses Wort auch, dass du Teile davon zeitweise delegieren oder auslagern kannst.

Zur Care-Arbeit zählen: häusliche oder aufsuchende Pflege von Angehörigen, die Kinderbetreuung, die Hausaufgabenbetreuung, das Einkaufen, das Kochen, das Gesundpflegen, die Sicherstellung von kindgerechten Rahmenbedingungen (sicherer Wohnraum, angemessene Kleidung usw.), die gesamte unbezahlte Hausarbeit, die Versorgung etwaiger Haustiere und alles, worum du dich noch so kümmerst.

Wie das funktionieren kann und wie du gewisse Aufgaben und Verantwortlichkeiten der Sorgearbeit zu deiner Entlastung teilen und abgeben kannst, zeigen dir die kommenden Kapitel. Vorher werfen wir noch einen Blick auf dein aktuelles Dorf, bestehende Unterstützungsbeziehungen und Aufgabenverteilungen.

Mit Buntstiften und Post-its ans Werk

An dieser Stelle laden wir dich ein, dir Zeit, ein großes Blatt Papier, ein paar Buntstifte und kleine Post-its zu nehmen, damit wir gemeinsam die Bausubstanz deines Dorfes überprüfen können, um im Bild zu bleiben. Es folgt eine erste Visualisierung deines aktuellen Netzwerks, um es besser kennenzulernen und vorhandene „Lücken" zu identifizieren. Du kannst dich hier kreativ austoben oder es ganz schlicht und einfach halten, wie du magst. Wichtig ist nur, dass du eine Übersicht gewinnst, wie dein soziales Netz aufgestellt ist. Und das geht so:

1. Beginne mit einem Kreis in der Mitte. Dieser Kreis bist du. Du bist der Brunnen mitten auf dem Dorfplatz, aus dem alle schöpfen. Schreibe deinen Namen oder „ICH" in diesen Kreis.
2. Es folgen die Häuser um den Dorfplatz herum: Male Rechtecke für deinen Partner, eines für die Oma mütterlicherseits/väterlicherseits, für die beste Freundin, den (Paten-)Onkel usw. Sammle alle Menschen und auch Einrichtungen, die dir einfallen, die eine Rolle im Leben eurer Familie spielen und euch unterstützen. Gib ihnen ein Häuschen in deinem Papier-Dorf. Du kannst, je nach Bedeutung der Person die Größe des Hauses variieren oder den Abstand zum Dorfbrunnen, also dir selbst, wählen. Je näher ihr euch steht, desto näher steht das Haus zum Brunnen.
3. Auf die kleinen Post-its schreibst du nun alle Aufgaben, die dir rund um die Organisation und Versorgung deiner Familien einfallen. Hier ein paar Beispiele: Arzttermine ausmachen und wahrnehmen, Wochenplan erstellen, Essen einkaufen, kochen, die Wäsche machen, Bad putzen, Staubsaugen, die Kinder zur Betreuung bringen/abholen, Schwimmkurs, mit dem Hund spazieren gehen und, und, und. Es werden viele Post-its, denn du beschriftest eine Menge! (Siehe auch die Liste im Kapitel → „Wie Hilfe aussehen kann")

4. Wenn es bereits Aufgaben gibt, die du abgegeben hast, beziehungsweise die regelmäßig von einer anderen Person in deinem Netzwerk übernommen werden, dann klebe den entsprechenden Klebezettel in das Haus dieser Person. Es kann auch Dopplungen geben. Wenn es eine Aufgabe gibt, die du auf keinen Fall aus deinen Händen geben möchtest, klebe sie zu dir in die Mitte. Alle anderen Aufgaben klebe zwischenzeitlich um dein Dorf herum. Wir wollen dein Dorf gemeinsam mit dir in den nächsten Kapiteln ausbauen, halte die Post-its also bereit und achte auf das Dorf-Symbol.

Dein Dorf

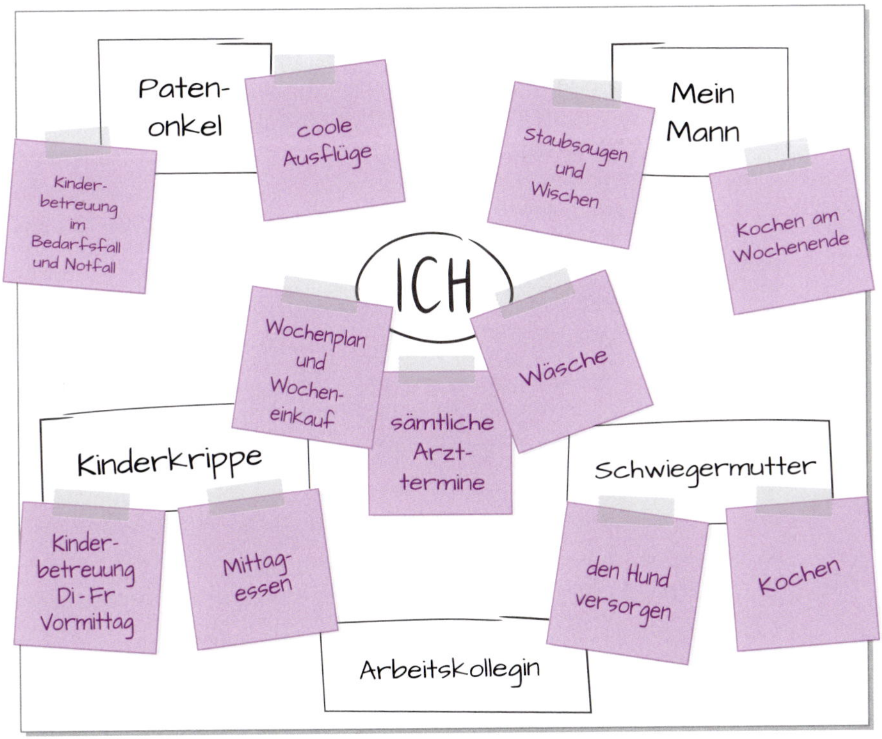

Beispiel Visualisierungsübung

Der Partner packt mit an

Wenn du einen Partner hast, ist er dir hoffentlich sehr nahe und bietet seine Unterstützung im Idealfall von selbst an. Wenn das nicht passiert: Trau dich zu fragen und ihn in die Pflicht zu nehmen, denn es ist EUER Kind, es sind EURE Kinder! Auch er muss sich an die neue Familienkonstellation gewöhnen und ist sich vielleicht nicht sicher, was oder wie er es tun soll. Und nichts ist frustrierender, als mit enttäuschten Erwartungen allein auf dem Sofa zu sitzen. Sag, wie es dir geht und wo du Verantwortung abgeben und Unterstützung erhalten willst.

! DISCLAIMER

Dieses Kapitel richtet sich an Mütter, die einen Partner oder eine Partnerin haben. Bist du alleinerziehend, kannst du dieses Kapitel selbstverständlich ebenfalls lesen und die Tipps, wo immer möglich, auf deine eigene Situation übertragen. Weiterführende und an die Situation Alleinerziehender angepasste Tipps und Strategien findest du im Kapitel → „Zusammen ist man weniger allein(-erziehend)".

Vielleicht bringt dein Partner sich von Anfang an voll ein, eventuell musst du diese Beteiligung aber auch direkt einfordern. Das ist nicht ungewöhnlich, sondern eher die Regel. Selbst Paare, die vor der Geburt des ersten Kindes viel über die neuen Rollen in der Familie gesprochen haben, müssen ihren Weg erst finden. Mit der Geburt eines Kindes wird dem Mobile der Familie ein weiteres Teil hinzugefügt und ihr müsst lernen, ein neues Gleichgewicht zu finden.

„Wir sind ein Team!" – Dieser Satz soll dich auf den folgenden Seiten begleiten. Elternschaft und geteilte Fürsorge für ein Kind, ob es nun das leibliche ist oder nicht, bedeutet, dass ihr gemeinsam für das

Kind verantwortlich seid. Immer mehr Väter wollen mehr am Familienleben und am Leben ihrer Kinder teilhaben und sich einbringen. Auf der anderen Seite zeigen Studien, dass es an der Umsetzung gewaltig hapert und mit Familiengründung eine Retraditionalisierung einhergeht: Die Frau ist für den häuslichen Bereich zuständig, der Mann für die (finanzielle) Versorgung. Obwohl sich das so fast niemand mehr wünscht. Deshalb, auch wenn es dir schwerfällt: Gib Verantwortung ab! Binde deinen Partner ein! Bitte um Hilfe! Fordere die Unterstützung ein, die du brauchst! Achtet auf eure Paarbeziehung! Eine gesunde und glückliche Partnerschaft ist ein wichtiger Faktor für ein gesundes und glückliches Familienleben und für die Vereinbarkeit all eurer Sphären.

Verantwortung abgeben und Mental Load teilen

Ihr seid ein Team und keine Einzelkämpfer – achtet deshalb darauf, dass kein Teammitglied vor Erschöpfung zusammenbricht. Das betrifft dich, aber auch den Menschen an deiner Seite. Mütter sind jedoch deutlich häufiger von depressiven Verstimmungen und Erschöpfungszuständen betroffen als Väter. Weil sie leider in vielen Fällen immer noch die größere Last tragen. Manchmal auch eine zu große – an Aufgaben, aber auch an Verantwortung. Nimm deinen Partner also in die Pflicht. Er kann dir eine enorme Stütze sein und spielt eine exklusive Rolle in deinem Leben: Liebe, Geborgenheit, Verlässlichkeit und Wertschätzung ziehen die meisten Menschen vorwiegend aus ihrer Partnerschaft. Schon das kann eine große Unterstützung sein und dir Rückhalt geben. Dennoch soll es hier auch darum gehen, wie dein Partner darüber hinaus konkret praktische, aber auch gedankliche Aufgaben übernehmen kann, um dich zu entlasten. Viele Mütter fühlen sich von ihren Partnern alleingelassen. Wir wollen, dass du nicht (mehr) zu dieser Gruppe gehören musst. Denn Verantwortung wiegt schwer und damit allein(gelassen) zu sein macht krank und unglücklich.

„Ich brachte es nicht über mich, anzusprechen, wie unglücklich ich mit unserer Aufgabenverteilung war. Schließlich hatten wir es doch bewusst so geplant: Er geht weiterhin Vollzeit arbeiten, ich kümmere mich in den ersten beiden Jahren um den Rest: Haushalt und Kindererziehung. Und nun saß ich schon nach zwei Monaten hier, fühlte mich allein und zum Teil gelangweilt und gleichzeitig bekam ich nichts davon auf die Reihe: Putzen, Kochen, Baby versorgen – das klingt alles so einfach im Vorfeld. Aber es war schlicht und einfach zu viel, ich habe es nicht geschafft. Und am schlimmsten war, dass ich alles im Kopf haben und organisieren musste. Die To-do-Liste war quasi immer aufgerufen, Tag und Nacht. Ich habe erst um Hilfe gebeten, als bei mir gar nichts mehr ging. Das würde ich im Nachhinein ganz anders machen. Jeder Plan muss auf seine Umsetzbarkeit geprüft werden. Wenn es hakt, dann macht einen neuen, mit dem alle zufrieden sind."

Fiona, Mutter einer Tochter (8 Monate)

Das Familien- und Paarleben zu planen, klingt unromantisch, aber es hilft (→ „Dein Stressmanagement"). Erinnerst du dich noch an die Vorwerk-Werbung aus den frühen 2000ern? „Ich führe ein sehr erfolgreiches Familienunternehmen", antwortet da die Mutter und Hausfrau auf die Frage, was sie beruflich macht. Auch wenn der Spot ein Familienbild transportiert, das man zurecht als unmodern kritisieren darf (Es ist immer noch die Frau, die den Staubsauger nutzt – ausschließlich.), spricht er an, was Fakt ist: Die Aufgaben einer Mutter sind zahlreich, herausfordernd und oft schwer miteinander vereinbar. Sie erfordern Planung. Niemand kann sie allein stemmen. Es sind eure Aufgaben, denn es ist eure Wohnung, es ist euer Kind oder es sind eure Kinder, ihr habt euch gemeinsam dafür entschieden. Also: Setzt euch gemeinsam hin und plant, wer welche Aufgaben übernimmt. Und wir sprechen nicht nur von Müll rausbringen oder Brei kochen, sondern vor allem auch vom Mental Load, der viel Zeit und Kraft in Anspruch nimmt.

MENTAL LOAD

= die oft unsichtbaren Aufgaben rund um die Sorgearbeit (Kindererziehung und Hausarbeit), die Planungs-, Organisations- und Koordinierungsprozesse. Alles, woran „gedacht werden" muss. All das, was hinter einer Aufgabe steht, was im Vorfeld (und im Nachhinein) gemacht werden muss, um sie auszuführen. Dieser Teil der Care-Arbeit ist besonders belastend, weil er deutlich umfangreicher ist, als der sichtbare – und weil er aufgrund dessen oft nicht wertgeschätzt wird.

Beispiel: dem Kind neue Klamotten kaufen
Sichtbar tust du Folgendes: in den Laden gehen und kaufen, die Kleidung online bestellen oder bei einer Freundin abholen. Fertig.

Unsichtbar überlegst du aber auch:

- Wann braucht mein Kind größere Kleidung? Welche Größe passt (noch)?
- Welche Art Bekleidung braucht es überhaupt? (Wie viele Bodys braucht ein vier Monate altes Baby? Welche Saison steht als Nächstes an?)
- Wann muss ich daran denken? (Die Winterjacke am besten vor dem ersten Schnee besorgen. Wann bringe ich in der nächsten Woche einen Einkauf unter? Nach der Arbeit auf dem Nachhauseweg? Schaffe ich das zeitlich, oder soll ich besser bestellen? Wo bestellen? Und wenn sie dann nicht passen?)
- Hat das Kind eventuell Vorlieben, die ich beachten muss, damit es die neuen Teile überhaupt anzieht? (Orange geht gar nicht, Knöpfe sowieso nicht.)
- Gibt es beispielsweise für die Kita-Vorgaben? (Keine Schnürschuhe, regenfeste Jacken ...)
- Wie sieht der Finanzrahmen dafür aus? Geht neu oder lieber gebraucht? Wer könnte uns Gebrauchtes weitergeben? Wie kann ich mich dafür erkenntlich zeigen?
- Wohin mit den zu klein gewordenen Kleidungsstücken? Für Geschwister aufheben, verkaufen oder verschenken? Wo und wie?
- Sollte ich auf bestimmte Materialien lieber verzichten?
- Was ist noch vom großen Geschwisterkind übrig?

Sagst du deinem Partner also: „Karlchen braucht neue Gummistiefel in Größe 24" und er erledigt den Einkauf, hat er nur einen kleinen Teil der Aufgabe erledigt. Denkt den Mental Load mit und teilt ihn auf.

Übrigens: Selbst bei Paaren, die sich Lohn- und Care-Arbeit 50:50 aufteilen, lastet der Mental Load meistens zum Großteil auf den Frauen. Es ist also ein kleiner Kraftakt, sich aus diesen Strukturen zu lösen. Aber: Er lohnt sich!

Wenn ihr das im Vorfeld noch gar nicht bedacht habt, seid ihr nicht allein. Nur die wenigsten sprechen detailliert über die Zeit- und Arbeitsaufteilung als Familie. Aber ihr habt die Chance, das jetzt nachzuholen. Und vor allem auch, die Aufteilung immer wieder neu auszuhandeln, wenn sich Umstände oder Bedürfnisse ändern.

So verteilt ihr Aufgaben und Verantwortlichkeiten fair und möglichst schnell:

Setzt einen gemeinsamen Termin an, an dem ihr darüber sprecht – und zwar regelmäßig.
Zu Beginn wird es einige Termine geben, die etwas länger dauern und vielleicht auch größere Diskussionen mit sich bringen. Haltet durch. Wenn einmal die großen Punkte verteilt sind, könnt ihr in wiederkehrenden kurzen Terminen klären: Wie ist es gelaufen? (Nachbesprechungen sind essenziell.) Passt die Verteilung für beide immer noch? Welche neuen Aufgaben sind dazugekommen? Sind vielleicht einige weggefallen? In welchen Abständen das passiert, bleibt euch überlassen. Häufig ist aber ein wöchentlicher Termin sinnvoll, um zumindest über die kommenden sieben Tage zu sprechen. Haltet die getroffenen Vereinbarungen schriftlich fest, am besten in einer Liste. Ob handschriftlich, in Excel, am Familienboard (→ „Das Familienboard") oder in einer App – geht nach euren Vorlieben.

Verteilt nicht nur To-dos, sondern auch Verantwortlichkeiten

Im Beispiel zum Klamotteneinkauf ist deutlich geworden, dass hinter vermeintlich kleinen Aufgaben oft eine große (Dran-)Denkleistung steht. Achtet darauf, dass ihr diese mit übertragt. Wer für den Kindergarten zuständig ist, muss auch an Ferienzeiten, Fototermine et cetera denken. Wer das Themenfeld Kindergesundheit übernimmt, sollte auch Vorsorge- und Impftermine im Blick haben. Und so weiter. Am Anfang braucht ihr vielleicht einige Zeit, bis ihr erkennt, was an welchen Aufgaben hängt – dann verteilt ruhig neu, wenn für eine oder einen von euch ein Ungleichgewicht entstanden ist.

Bedenkt, dass jeder unterschiedlich viel Energie, Ressourcen und Resilienz hat!

Ihr müsst nicht immer alles 50:50 aufteilen – was sowieso kaum möglich ist, weil sich der Aufwand oft schwer beziffern lässt. Eine oder einer von euch arbeitet deutlich mehr Stunden Lohnarbeit? Dann müsst ihr das berücksichtigen. Du bist von der Geburt noch sehr geschwächt? Dann kannst du erst einmal etwas weniger übernehmen. Aber auch unabhängig von diesen Umständen können manche Menschen mehr „leisten" als andere. Brauchen weniger Ruhepausen. Deshalb schaut genau auf euch: Wie passt es für euch? Mit welcher Aufteilung seid ihr zufrieden? Vergleiche mit anderen Paaren sind fehl am Platz. IHR müsst zufrieden sein. Und wenn das nicht klappt? Dann holt euch weitere Hilfe aus eurem Dorf hinzu. Niemand soll dauerhaft über seine Grenzen gehen müssen!

Einigt euch auf Familienregeln

Vielfach finden Paare auch schon Entlastung, wenn sie einfach Dinge von der gemeinsamen To-do-Liste streichen. Wie für dich als Einzelperson gilt auch für euer Team: gut genug statt perfekt! Überlegt euch, was wirklich wichtig ist, für euch und für eure Kinder. Es gibt viel Potenzial für Streichungen, versprochen. Je deutlicher ihr eure Bedürfnisse kommuniziert, desto leichter wird euch das Entrümpeln der Aufgaben fallen. Im Kapitel → „Eure Familienregeln“ haben wir dir bereits gezeigt, wie das geht.

Vertraut euch

Du musst deinem Partner vertrauen, wenn er eine Aufgabe übernommen hat. Ihr habt eure Familienregeln vereinbart, alles drumherum liegt in den Händen der beziehungsweise des Verantwortlichen. Es gibt immer verschiedene Wege zum Ziel und für jeden ist ein anderer der beste. Versuche auch, deinen Partner nicht immer wieder an seine Aufgaben zu erinnern. Das fördert nicht die Selbstständigkeit, die du dir wünschst.

Seid tolerant und verzeiht Fehler

Das hängt eng mit dem Vertrauen zusammen. Es werden Fehler passieren – euch beiden, denn das ist menschlich. Aus jedem Fehler lernt ihr. Und dennoch werdet ihr neue machen. Der verstorbene Erziehungswissenschaftler Jesper Juul hat stets betont, dass jeder Elternteil rund 20 Fehler am Tag macht. Verzeih das – dir und deinem Partner!

Aber: Jeder und jede ist für seine oder ihre Fehler verantwortlich. Haben sie tatsächlich größere Konsequenzen, muss sie oder er das in erster Linie wiedergutmachen. (Natürlich kannst du dabei unterstützen, aber übernimm nicht die Verantwortung.)

Wechselt euch ab

Rotiert die Aufgaben auch mal durch, übernehmt Dinge, die für euch neu sind oder in denen ihr unerfahren seid. Du hast noch nie Schuhe mit den Kindern gekauft? Versuch es. Du glaubst, du kannst nicht basteln? Probiere es aus. Du denkst, du bekommst die Waschmaschine nicht repariert? YouTube hilft! Auch wenn ihr auf Dauer wieder bei den Aufgaben bleibt, die euch liegen, schadet es nicht, mal in die Welt der oder des anderen hineinzuschnuppern. Zum einen lernt ihr dazu, zum anderen habt ihr mehr Verständnis für das, was ihr jeweils leistet.

Frag deinen Partner aber bitte nach dauerhafter Hilfe bei Fürsorgeaufgaben. Männer tendieren dazu, eher technische Aufgaben zu übernehmen, solche, die Kraft erfordern: Rasen mähen, Getränkekisten schleppen, Reifen wechseln, kaputte Türen reparieren ... Aber du brauchst einen Partner, der dir im Alltag und nicht nur im Notfall zur Seite steht. Denn du wirst, typisch weiblich, wahrscheinlich eher zur Care-Arbeit tendieren und dort ist die Überlastungsgefahr aufgrund der emotionalen Involviertheit ungleich höher. Diese Verteilung ist anerzogen – ihr könnt das anders handhaben.

Seid ein Team
Manche Aufgaben könnt ihr auch gemeinsam betreuen. Das klingt nach unnötigem Mehraufwand, aber das muss nicht sein. Erstens macht es auch Spaß, gemeinsam etwas zu tun, zweitens entlastet ihr euch so gegenseitig bei besonders umfangreichen Themen. Wenn ihr zum Beispiel beide in der Krabbelgruppen-/Kindergarten-/Schul-Whats-App-Gruppe seid, seid ihr beide auf dem Laufenden und könnt gemeinsam an die vielen Termine denken.

Nutzt die gewonnene Zeit für euch
Hat euch die neue Aufteilung endlich Entlastung gebracht, dann füllt die gewonnene Zeit nicht mit neuen Aufgaben. Nutzt sie für euch. Jeder für sich, als Paar oder als Familie. Die oft beschworene Quality-Time ist immens wichtig. Wenn ihr sie euch freigeschaufelt habt, genießt sie. Das sind die Momente, auf die ihr und eure Kinder später lächelnd zurückblicken werdet. Und das muss nicht der große Ausflug in den Zoo sein. Es sich gemeinsam auf dem Sofa bei einem guten Film gemütlich machen, ein langes gemeinsames Abendessen, bei dem ihr viel lacht, Lesestunden im Bett, spielen im Sandkasten, schöne Spaziergänge – macht, was euch guttut.

Pro-Tipp: Elternzeit

Nutzt die Möglichkeiten, die sich für Väter bieten: Auch der Papa kann und soll Elternzeit nehmen. Wenn es für euch finanziell möglich ist, dann auch länger als das Minimum. Eine zweite Bezugsperson für Kinder sorgt laut Studien für eine höhere soziale Kompetenz und höhere kognitive Fähigkeiten, aber vor allem kann der Vater in dieser Zeit eine enge Bindung zum Kind aufbauen und dich entlasten. Oder gar selbst übernehmen, wenn es nicht direkt um die an die Geburt anschließende Zeit geht. Denn wenn ein Vater einmal alles über eine längere Zeit (allein) gewuppt hat, wird er zukünftig deine Leistung viel mehr wertschätzen können. Und auch viel besser den Laden übernehmen können, sollte es nötig sein.

MATERNAL GATEKEEPING: MYTHOS ODER REALITÄT?

Immer wieder wird, wenn es darum geht, die Väter in die Erziehung, den Haushalt und den Alltag mit Kind einzubeziehen, der Begriff „Maternal Gatekeeping" in den Ring geworfen. Mütter würden, so die Theorie, die Väter ja gar nicht einbeziehen WOLLEN, sie systematisch ausschließen, keine Verantwortung abgeben und ihnen nichts zutrauen. À la „Ich mach das lieber selbst, du machst es ja sowieso falsch."

Was ist dran an diesem Phänomen?

Ganz aus der Luft gegriffen ist es nicht. Diese „Türsteher"-Mütter machen, je nach Studie, 20 bis 25 % aus. Verschiedenste Gründe führen dazu, dass Mütter diese Rolle übernehmen. Die Forschung sieht das Verhalten teilweise darin begründet, dass die Mütter sich über die Versorgung des Kindes Wertschätzung und Bestätigung sichern. Oder sie identifizieren sich so sehr mit einem traditionellen Mutterbild, dass für eine zweite Bezugsperson kaum Raum bleibt. Auch die Kompensation einer instabilen Partnerschaft kann ein Grund sein, die Beziehung zum Kind zu intensivieren und den Partner aus dieser Beziehung auszuschließen. Das sind natürlich alles keine besonders gesunden Verhaltensweisen. Und leider werden sie auch oft noch dadurch verstärkt, dass die Väter sich irgendwann zurückziehen: „Du lässt mich ja nicht, deshalb versuche ich es gar nicht mehr." Viele denken auch, dass nur die Mutter eine gute Bindung aufbauen kann, weil sie das Kind geboren hat, es stillt und ihre Hormone darauf gepolt seien. Dass also die Natur es so vorgesehen habe, dass Mütter sich kümmern und Väter außen vor bleiben. Das ist nicht wahr.

Aber, und das ist sicher mindestens genauso häufig der Fall, oftmals ist „Maternal Gatekepping" auch eine bequeme Ausrede für die Väter, sich aus der Verantwortung zu ziehen. Mütter werden dann auf einen „Thron" gehoben, auf dem sie nie sitzen wollten.

Wie auch immer die Situation ist: Mütter und Väter sind ein Team und sollten sich entsprechend einbringen beziehungsweise loslassen und vertrauen. Stück für Stück wird sich der Vater kompetenter fühlen und es der Mutter leichter fallen, Verantwortung abzugeben. Hat einer oder eine von beiden Erfahrungsvorsprung, kann der oder die andere davon profitieren. Allerdings sollte jede Bezugsperson fürs Kind auch ein wenig seinen/ihren eigenen Stil haben dürfen. Das darf man auch den Kindern zumuten.

Paar bleiben

Bei all den Aufgaben, von denen wir nun ausführlich gesprochen haben, geht eines oft unter: Du hast viele Rollen, bist nicht nur Mutter und vielleicht berufstätig, du bist auch du und du bist Partnerin – leider bleibt das bei all dem Stress in der Zeit mit Kindern (vor allem, wenn sie noch sehr klein sind) oft auf der Strecke. Kein Wunder, dass sowohl Männer als auch Frauen ihre Partnerschaft in der Phase der Familiengründung am negativsten bewerten. Aus unterschiedlichen Gründen. Aber beide merken, dass für Zweisamkeit und das, was sie als Paar vorher ausgemacht hat, immer weniger Zeit bleibt. Die positive Seite der Medaille sei aber auch erwähnt: Gemeinsam Kinder haben schweißt zusammen. Darauf könnt ihr aufbauen, wenn ihr euch darum kümmert, neben all dem Elternsein auch noch Paar zu bleiben. Denn dein Partner ist ein wichtiger und zentraler Teil deines Dorfes – unterstützt euch nicht nur gegenseitig, sondern nehmt euch auch Zeit für euch und eure Liebe. Ihr seid die Basis eurer Familie. Geht es euch als einzelnen Personen, aber auch als Paar gut, ist das eine wunderbare Voraussetzung dafür, dass es auch euren Kindern gut geht. Sie profitieren von einer glücklichen und stabilen Liebesbeziehung ihrer Eltern, die auch ein gutes Vorbild sein kann. Dabei gilt für alle Beziehungen: Etwa fünfmal liebevolles Verhalten macht einmal feindseliges wieder wett, so der US-amerikanische Psychologe John Gottmann. Natürlich heißt das nicht, dass ihr nicht immer nett zueinander sein könnt – aber ganz ehrlich, das schafft niemand. Ihr könnt euch jedoch bemühen und unfreundliches Verhalten auch wiedergutmachen.

Um vor allem nach der Kleinkindphase eures Kindes wieder zueinanderzufinden, gibt es einige hilfreiche Tipps. Sascha Schmidt, Autor von „Wieder Paar sein", rät, das spätestens nach dem zweiten Geburtstag des Kindes anzugehen. Denn dann haben in der Regel alle ein Stück ihrer Freiheiten zurückgewonnen. Aber es geht natürlich auch schon früher, wenn ihr wollt und könnt.

So bleibt ihr ein Paar und/oder findet euch wieder:

- **Plant feste Dates ein.** Einmal in der Woche, einmal im Monat – wie es für euch stimmig ist und mit eurer Situation vereinbar. Ihr müsst nicht gleich eine konkrete Aktivität planen, das kann aber auch helfen.
- **Verlasst das Haus (wenn möglich).** Der Netflix-Abend auf dem Sofa ist sehr verlockend, wenn der Tag sowieso schon anstrengend war, das wissen wir. Aber geht nach draußen, raus aus den vier Wänden, raus aus dem Trott. Spazierengehen, Essengehen, Kino oder auch etwas ganz Neues gemeinsam ausprobieren. Gewinnt

Abstand von zu Hause. Sollte euch das nicht oder noch nicht möglich sein, dann wartet aber nicht, bis es geht, sondern plant zu Hause einen Pärchenabend abseits vom Sofa: Gemeinsam schön kochen, zusammen Sport machen, ein Gespräch führen, in dem es mal nicht um die Kinder geht, oder ein Spiel spielen! Vielleicht sogar in Jeans statt Jogginghose.

- **Sprecht nicht über das Kind oder die Kinder.** Lasst dieses Thema, wenn möglich, ruhen. Dafür habt ihr andere Zeiten reserviert. Sprecht darüber, was euch beschäftigt, was euch freut, was so los ist. Über eure Zukunftspläne, das Buch, das ihr gerade lest, den Freund, mit dem ihr telefoniert habt. Bevor ihr Eltern wurdet, hattet ihr genug Themen: Belebt sie wieder.
- **Seid aufmerksam.** Wünscht euch einen guten Morgen, nehmt euch in den Arm und Zeit für einen Kuss zwischendurch. Schaut euch tief in die Augen. Für diese Kleinigkeiten ist IMMER Zeit. Und sie tun so gut. Bedankt euch auch für diese kleinen Gesten, zeigt, dass ihr das wertschätzt.
- **Lasst gemeinsame Highlights aufleben.** Ihr wart früher immer gemeinsam klettern. Macht das wieder einmal! Ihr seid regelmäßig ins Kino gegangen. Fangt wieder damit an! Knüpft an eure Paarbeziehung an, die es vor eurer Elternschaft gab. Und wenn ihr euch nur gemeinsam daran zurückerinnert und diese Zeiten so wachhaltet. Das erste Date, der erste Kuss, der erste gemeinsame Urlaub. Vergesst nicht, dass es eine Zeit gab, als ihr nur zu zweit wart. Wenn ihr jetzt auf all das keine Lust mehr habt, schafft neue Paar-Erinnerungen. Sucht euch neue Routinen, neue Hobbys, neue Highlights, an die ihr euch erinnern könnt, wenn ihr alt und grau seid.
- **Plant auch Zeit allein ein.** Nur wer allein etwas erlebt, hat etwas, wovon er oder sie der oder dem anderen erzählen kann. Entdeckt euch wieder oder ganz neu – abseits von eurer Rolle als Mutter oder Vater. Diese positive Energie belebt auch eure Beziehung.
- **Lacht, wenn das Chaos mal zu groß wird.** Wenn gar nichts klappt und schon morgens das Müsli über den Tisch schwimmt, die Kinder den ersten Streit angezettelt haben, wenn das Baby nachts

die dritte Windel sprengt und dann auch noch der Geschirrspüler streikt: Lacht! Das gelingt nicht immer, ganz klar, aber wenn ihr in all dem Chaos noch darüber lachen könnt, steckt die oder den anderen mit an. Geteiltes Leid ist halbes Leid und Humor tröstet.

- **Kommt euch körperlich wieder nahe.** Vielleicht hat euer Sexleben sich nicht verändert, seit ihr Eltern seid. Das ist selten, soll aber vorkommen. Vielleicht seid ihr auch beide zufrieden damit, dass dieser Aspekt in ruhigere Fahrwasser geraten ist. Aber denkt daran, dass nicht nur Kinder Kuscheleinheiten brauchen, sondern auch ihr beide. Vor allem, wenn eine oder einer von euch (oder sogar beide) unzufrieden mit eurem Sexleben ist, versucht euch langsam und in eurem Tempo wieder heranzutasten. Dabei hilft vor allem: darüber reden. Aber unterschätzt nicht, wie belebend eine gerechte Aufgabenverteilung, Me-Time und gelegentliche Dates wirken können. Wer zufrieden und entlastet ist, der hat auch wieder mehr Zeit für und Lust auf Sex.

Wir wissen, dass es befremdlich klingt, jemanden zu daten, den man jeden Tag zu Hause sieht, mit dem man sowieso alles teilt. Aber gerade dann ist es wichtig, aus dem Alltagstrott auszubrechen. Denkt an eure Beziehung – sie wird es euch danken. Und ihr seid eurem Kind oder euren Kindern ein großes Vorbild, wenn ihr ihnen zeigt, dass und wie man Beziehungen pflegt.

Pro-Tipp: Eine gemeinsame Auszeit
Das ist zugegebenermaßen nicht für alle Paare etwas. Manchmal geben die Umstände es nicht her (wenn zum Beispiel das Kind trotz aller Hilfe nicht bei Oma und Opa schlafen WILL), manchmal möchte man auch nicht so lange vom Kind getrennt sein. Aber wenn ihr euch das vorstellen könnt und die Kinderbetreuung geregelt ist, dann überlegt, ob ihr nicht gemeinsam mal wieder ein paar Tage wegfahren wollt. Richtig viel Zeit für euch, richtig viel Abstand von zu Hause. Das lädt eure Akkus wieder auf.

KOMMUNIKATION ALS SCHLÜSSEL: ZWIEGESPRÄCHE

Ein weiteres Instrument, um eure Partnerschaft glücklich zu halten und eure Bedürfnisse im Familienalltag sichtbar zu machen, sind „Zwiegespräche" nach Michael Lukas Moeller. Diese Methode ist ein Klassiker aus der Paarberatung und lässt sich sehr leicht zu Hause und ohne externe Hilfe umsetzen. Es handelt sich um eine spezielle Art des Gesprächs:

Ihr sprecht regelmäßig und abwechselnd miteinander. Jede bzw. jeder vor allem von sich selbst, davon, was ihn oder sie bewegt und wie er oder sie die Beziehung erlebt. Ohne dabei unterbrochen zu werden. Wenn über die andere Person geredet wird, dann immer wertfrei, in Ich-Botschaften, nie anklagend. Dann ist die oder der andere dran.

Das braucht nicht viel Vorbereitung. Legt fest, wo, wann, wie lange, wie oft es stattfinden soll und sorgt dafür, dass ihr in dieser Zeit Ruhe habt und völlig ungestört seid.

Die erste Person spricht zum Beispiel 15 oder 20 Minuten. Ohne Unterbrechungen oder Rückfragen. Dann ist die oder der andere dran. Das könnt ihr mehrmals wiederholen, euch, wenn ihr wollt, auch darauf beziehen, was die oder der andere gesagt hat. Es geht um euch und euer Erleben.

Eventuell sprecht ihr am Ende über das Gesagte und Gehörte. Fertig.

Die Erfahrungen damit sind erstaunlich. Ihr werdet lernen, eurem Partner oder eurer Partnerin zuzuhören, euch in sie oder ihn einzufühlen und eure Bedürfnisse zu erkennen. Und ihr lernt nicht zuletzt auch euch selbst besser kennen.

Ob ihr nun die Zwiegespräche ausprobiert oder auf andere Art und Weise darauf achtet, miteinander im Gespräch zu bleiben: Tut es! Sprachlosigkeit tut keiner Beziehung gut und ist ein Zeichen dafür, dass etwas im Argen liegt. Sprecht miteinander!

Energie ist endlich – das gilt für euch beide

Du liest dieses Buch, weil du nicht mehr kannst und Hilfe brauchst. Dein Partner kann dir diese Hilfe geben. Aber bedenkt: Auch seine Ressourcen sind irgendwann erschöpft. Wir wollen dir damit kein schlechtes Gewissen machen – es ist in jedem Fall wichtig und richtig, deinen Partner verstärkt einzubinden und Verantwortung an ihn abzugeben. Sprecht immer wieder darüber, wie es euch beiden geht, wie stark die Last gerade ist, wer noch Luft hat und wer an den Aufgaben zu ersticken droht. Denn ihr solltet beide gesund und zufrieden sein, um als Team agieren zu können.

Was viele nicht bedenken: Väter fühlen sich ebenfalls erschöpft und überfordert. Selbst diejenigen, die nicht in erster Linie die Care-Arbeit übernehmen. Bis zu 10 % von ihnen entwickeln sogar eine Wochenbettdepression (→ „Psychische Krisen"). Der Umbruch im Leben betrifft euch alle. Deshalb muss auch dein Partner auf sich achten, sich Auszeiten nehmen und fürsorglich mit sich umgehen. Auch wenn Väter in der Regel weniger Care-Arbeit übernehmen, fühlen sie eine andere Doppelbelastung: Sie wollen und sollen sich dort mehr einbringen, gleichzeitig spüren sie den Druck, die Familie finanziell versorgen zu müssen – man spricht hier vom Atlassyndrom, benannt nach der Figur aus der griechischen Mythologie, die das Himmelsgewölbe auf ihren Schultern trägt.

Ist dein Partner selbst überlastet oder vielleicht auch mit seiner Rolle als Helfer oder deinem psychischen Zustand überfordert, dann ist das okay. Euer Dorf ist groß! Sucht euch gemeinsam weitere Unterstützung, gerne auch professioneller Art, um alle Familienmitglieder zu stabilisieren und die Fürsorge für euer Kind oder eure Kinder zu gewährleisten. Auch ihr als Paar sollt euch nicht allein(gelassen) fühlen. Und müsst es nicht.

Dein Dorf
Halte kurz inne und überlege: Wie kannst du dein vorhin gestaltetes Papier-Dorf jetzt umgestalten? Wie hat sich das Gelesene auf die dortige Aufgabenverteilung ausgewirkt oder kann es noch tun? Klebe gegebenenfalls das ein oder andere Post-it um oder schreibe neue Klebezettel.

Die Familie als Halt

Wer Kinder bekommt, für den gewinnt Familie an Bedeutung. Oft nicht nur die eigene, neu gegründete, sondern auch die Herkunftsfamilien beider Elternteile. Die (Groß-)Familie ist eine Solidargemeinschaft, das heißt, man hilft sich gegenseitig und springt ein, wenn einzelne Mitglieder erschöpft sind. Nicht nur im Akutfall, sondern auch vorbeugend kann Familie deshalb eine große Entlastung sein. Allein das Wissen, dass deine (engsten) Verwandten im Notfall für dich da sind, beruhigt.

Die Großeltern als Stütze des Familienclans

Die zweitwichtigste Unterstützungsinstanz für die meisten Mütter sind deshalb, gleich nach dem Partner, die Großeltern, vor allem, wenn sie in der Nähe wohnen. Das ist, anders als früher, aber immer öfter nicht der Fall. Die Wissenschaft spricht von der Zunahme der „multilokalen Großfamilie“ – das heißt, die Generationen werden aufgrund der gestiegenen Lebenserwartung immer mehr (Wer hatte früher schon Urgroßeltern?), sind aber zum Teil auch räumlich weiter gestreut. Frauen und Männer verlassen ihre Heimat wegen eines Jobs oder eben, wie man so schön sagt, „für die Liebe“. Eventuell leben sogar beide Elternteile weit entfernt von ihrer Herkunftsfamilie, wenn sie eine Familie gründen. Die Vor- und Nachteile dieser Entwicklung liegen also auf der Hand: Nicht immer sind die

Großeltern gleich greifbar, aber Kinder haben heutzutage so lange etwas von ihren (Ur-)Großeltern, wie keine Generation vor ihnen. Natürlich gibt es trotzdem auch weiterhin zahlreiche Großfamilien, die nahe beieinander wohnen. Diese räumliche Nähe ist nicht entscheidend für die Beziehung der Enkelkinder zu Opa und Oma. Sie können auch Teil eures sozialen Netzes sein, wenn sie hunderte Kilometer entfernt wohnen, wenn ihr regelmäßig in Kontakt bleibt. Aber diese Nähe ist ein wichtiger Faktor, wenn es um konkrete Hilfe im Alltag geht. Wir haben einige Tipps für dich, wie ihr sie so in euer Dorf integriert, dass alle zufrieden sind: du und dein Partner, Omas und Opas und die Kinder.

Großeltern sind Teil deines Familienclans, sie sind wichtig für dich, aber auch für dein(e) Kind(er); nicht nur in praktischer, sondern auch in emotionaler Hinsicht. Wenn du ein Kind bekommst, ist es gut möglich, dass sich die Beziehung zu deinen Eltern wieder intensiviert, sie können dir durch ihre Erfahrung in Sachen Kindererziehung mit Rat und Tat zur Seite stehen. (Für den nicht seltenen Fall, dass ihr ganz unterschiedliche Vorstellungen von Erziehung habt, lies das Interview mit Sascha Schmidt auf Seite 145.) Oft sind sie etwas gelassener und entspannter, da Erziehung im Miteinander mit ihren Enkelkindern weniger eine Rolle spielt als Liebe und die Freude am Zusammensein. Sie haben weniger Verantwortung und können deshalb die gemeinsame Zeit in vollen Zügen genießen. Für dein(e) Kind(er) können sie wichtige Bezugspersonen sein, mit denen sie nicht nur gerne Zeit verbringen, sondern denen sie auch ihre Sorgen anvertrauen. Ebenso relevant für dich ist aber auch, dass die Hilfe der Großeltern bei der Betreuung der Kinder eine der wichtigsten Formen innerfamiliärer Unterstützung ist. Rein statistisch betrachtet sind es vor allem die Großmütter mütterlicherseits, die einspringen, und zwar primär in der Kleinkindphase. Vermehrt engagieren sich auch die Großväter, ob nur fallweise oder regelmäßig, nur in bestimmten Lebensphasen oder dauerhaft. Sie können euch enorm unterstützen – nicht nur bei der Kinderbetreuung, sondern auch bei vielen anderen alltäglichen Dingen.

Geborgen bei Oma und Opa – so klappt's

Damit ihr alle wirklich etwas davon habt, gibt es einige Tipps, die Missverständnissen vorbeugen und Konflikte verhindern können, wenn die Großeltern auf die Kinder aufpassen:

Trefft klare Absprachen und haltet euch daran
Gerade wenn die Großeltern häufiger und/oder regelmäßig aufpassen, aber auch, wenn es sich um eher spontane Termine handelt (zum Beispiel, wenn du einen Arzttermin hast): Sprecht im Vorfeld klar darüber, was, wann, wo und wie passieren soll.

Wo? Kommen die Kinder zu den Großeltern, oder umgekehrt? Was ist den Beteiligten lieber? Wie fühlen sie sich wohl? Das gilt für Oma und Opa, für das Kind oder die Kinder und auch für dich. Wenn du während der ganzen Zeit Angst hast, weil das Zuhause der Großeltern nicht kindersicher ist, ist niemandem geholfen.

Wann? Wie oft und wie lange soll die Kinderbetreuung stattfinden? Sprecht klar darüber, was ihr euch wünscht, und bitte die Großeltern darum, auch ihre Bedürfnisse zu äußern. Es bringt nichts, wenn sie aus Pflichtbewusstsein für vier Vormittage die Woche zusagen, die sie eigentlich nicht leisten können oder wollen.

Was? Sollen Oma und Opa „nur" aufpassen, oder müssen sie auch Essen kochen, die Kinder zu Aktivitäten fahren oder begleiten? Vieles, was euch selbstverständlich scheint (regelmäßiges Wickeln, ans Töpfchen erinnern, kein Zucker ...), ist es für die Großeltern nicht. Es ist schon etwas her, dass sie mit kleinen Kindern zu tun hatten.

Weist also wertschätzend und deutlich auf die wichtigsten Dinge hin. Sag gerne dazu, dass das wahrscheinlich bereits klar ist, dass ihr aber für Fragen jederzeit auch zur Verfügung steht. Die Großeltern haben dann auch viel konkreter die Möglichkeit, zu sagen, was ihnen zu viel ist.

Kommuniziere euer Regelwerk

Sag auch den Großeltern, wo Ausnahmen erlaubt sind und was nicht verhandelbar ist. Denk an eure Familienregeln (→ „Eure Familienregeln"). Vor allem dann, wenn sie häufig auf euer Kind oder eure Kinder aufpassen.

Hab Vertrauen

Du bist nicht dabei, wenn deine Eltern oder Schwiegereltern auf dein(e) Kind(er) aufpassen. Das heißt, du musst lernen, zu vertrauen. Verantwortung bis zu einem gewissen Grad abzugeben. Das gilt für die meisten Beziehungen zu Helfenden – bei deinem Partner ist es nichts anderes. Wenn ihr die Familienregeln klar kommuniziert habt, fällt dir das sicher leichter. Manchen Müttern hilft es, wenn sie ab und an Rückmeldung bekommen, wie es gerade läuft, vielleicht auch ein Bild aufs Handy. Aber Achtung: Versuche, in dieser Zeit tatsächlich loszulassen und vermeide es, die Großeltern zu sehr zu kontrollieren. Denn auch sie müssen lernen, auf sich zu vertrauen, und ihren eigenen Weg finden. Vertraue auch deinen Kindern. Sie sind stark genug, mit Unterschieden umzugehen und sogar in ihrer Entwicklung davon zu profitieren.

Toleriere Ausnahmen

So fest eure Regeln vielleicht sein mögen, so variabel sind andere Themen. Gestehe den Großeltern in gewissem Rahmen zu, die Kinder ein bisschen zu verwöhnen, es anders zu machen als zu Hause. Natürlich ist das leichter, wenn Oma und Opa nur gelegentlich aufpassen. Sehen sie die Enkel täglich, sollte mehr Alltag herrschen als bei Wochenendbesuchen. Tastet euch langsam ran und sprecht miteinander. War etwas für dich nicht in Ordnung, dann sag es. Die Großeltern können das nicht erraten. Versuche in „Ich-Botschaften“ zu sprechen und zu harsche Kritik zu vermeiden:

- *„Ich habe mir echt Sorgen gemacht, als ihr nicht erreichbar wart ...“*
- *„Es ist mir wichtig, dass vereinbarte Zeiten eingehalten werden, weil ein gewisser Rhythmus meinem Kind guttut. Bitte lasst uns gemeinsam darauf achten, dass das klappt.“*
- *„Ich wünsche mir, dass die Emotionen der Kinder nicht kleingeredet werden.“*

Die Belastungen aller im Blick behalten

Auch wenn die meisten Großeltern gerne helfen, fühlen sie sich bis zu einem gewissen Grad auch dazu verpflichtet. Je älter sie aber sind, desto anstrengender ist der Umgang gerade mit kleinen Kindern. Wer mit kaputtem Knie stundenlang einem Zweijährigen hinterherrennen oder -kriechen muss, kommt schnell an seine Belastungsgrenzen. Oma und Opa trauen sich vielleicht nicht, das anzusprechen. Also mach du es: *„Sagt bitte, sobald es euch zu viel wird. Dann finden wir gemeinsam eine andere Lösung.“* Auch wenn das nur heißt, dass in einer gemeinsamen Mittagspause alle zusammen ein Buch lesen oder eine Folge der Lieblingsserie sehen. Hake außerdem ab und an nach, ob das Arrangement so noch für alle Seiten in Ordnung ist. Eventuell haben sich die Großeltern alles einfacher vorgestellt oder aber die Kinder sind in einer herausfordernderen Phase. Je offener ihr miteinander sprechen könnt, desto leichter fällt es allen Beteiligten, auch mal „Nein“ zu sagen. Du weißt mittlerweile, wie das geht. Bringe es auch deinen (Schwieger-)Eltern bei, wenn sie damit Probleme haben.

Vermeidet Konkurrenz

Vielleicht seid ihr in der glücklichen (oder je nach Sichtweise auch schwierigen) Situation, dass mehrere Großeltern(paare) um die Gunst der Enkel buhlen. Das ist einerseits eine Chance, weil mehrere

Personen euch entlasten können. Es kann aber auch herausfordernd sein, die Bedürfnisse aller unter einen Hut zu bekommen. Gibt es dabei Schwierigkeiten, mach dir zwei Dinge klar: Kommunikation ist der Schlüssel und du bist nicht verantwortlich für die Befindlichkeiten der anderen Erwachsenen. Vielleicht setzt ihr euch, wenn möglich, alle einmal an einen Tisch und klärt, was ihr euch wünscht und was möglich ist. Oft sind es auch äußere Umstände (zeitliche Ressourcen, Wohnsituation, Mobilität, Wohnortdistanz u. v. m.), die eine ungleiche Verteilung der Zeit mit den Enkeln zur Folge haben. Dafür müsst ihr euch nicht rechtfertigen, sondern nur klar und nachvollziehbar kommunizieren, wie eure Lebenssituation aktuell aussieht und welche Möglichkeiten oder auch Einschränkungen sich daraus ergeben. Bittet um Verständnis, sollte eine Partei verletzt oder gekränkt reagieren, verbiegt euch aber nicht. Ihr könnt es nicht allen recht machen.

Bezieht das Kind beziehungsweise die Kinder mit ein
Frage auch dein(e) Kind(er), was sie sich wünschen. Soll Oma lieber vorbeikommen, oder soll die Betreuung bei ihr stattfinden? Hätten sie gerne Opa beim Fußballtraining dabei? Nicht immer wird man so etwas berücksichtigen und in die Planung einbeziehen können. Aber dort, wo es möglich ist, könnt ihr auf ihre Wünsche eingehen. Womit fühlen sie sich wohl? Vielleicht klappt der Ausflug mit Oma und Opa schon gut, aber fürs Übernachten reicht es noch nicht. Macht einen Schritt nach dem anderen und bleibt immer auch aufmerksam dafür, wie es den Kindern mit der Betreuung durch Opa und Oma geht.

Wenn Oma und Opa weit weg wohnen

Wie bereits angesprochen sind die Großeltern aber nicht immer verfügbar. Wenn euch viele Kilometer trennen, ist es trotzdem machbar, sie in euren Familienalltag einzubinden und den Enkelkindern eine Bindung zu ihnen zu ermöglichen. So sind sie in der wenigen Zeit, die ihr euch persönlich sehen könnt, bereits miteinander vertraut und können vielleicht streckenweise wieder eine Entlastung für dich sein.

Haltet Kontakt

Die Corona-Pandemie hat uns gezeigt, auf wie viele verschiedene Arten wir beieinander sein können, auch wenn wir nicht am gleichen Ort sind. Je nach Alter der Kinder könnt ihr die Großeltern anrufen, gerne auch per Videotelefonie. Schickt euch gegenseitig Fotos aus eurem Alltag, bleibt auf dem Laufenden, was bei den anderen gerade los ist. Für viele Kinder ist es außerdem ein Highlight, Post zu bekommen. Ein handgeschriebener Brief von Oma und Opa freut sie genauso, wie sich die Großeltern über selbst gemalte Bilder oder Briefe von den Enkeln freuen. Seid kreativ, wenn ihr die Kraft dazu habt.

Besucht euch

Versucht euch trotz der Entfernung ab und an persönlich zu sehen. Wenn die Großeltern nicht mehr so mobil sind, dann fahrt, wenn möglich, zu ihnen. Am besten für länger als nur einen Nachmittag. Aber achtet darauf, dass es weder euch noch Oma und Opa zu viel wird. Ob es dich mehr entlastet, wenn ihr diese Zeit wie eine Art Urlaub gemeinsam verbringt, oder ihr währenddessen am Alltag der anderen teilnehmt, musst du entscheiden. Wenn die Beziehung zwischen Enkel(n) und Großeltern gut genug ist, kannst du dich auch für kurze oder längere Strecken zurückziehen und in dieser Zeit Kraft tanken. Vielleicht hilft es dir aber auch, dabei zu sein und das Großfamilienleben, das ihr sonst so selten habt, in dich aufzusaugen. Bedürfnisse und eigene Grenzen sind in dieser Hinsicht sehr individuell und hängen auch davon ab, wie gut deine Beziehung zu den (Schwieger-)Eltern ist.

Fahrt gemeinsam weg

Wenn es zeitlich, finanziell und emotional für alle möglich ist, sind gemeinsame Urlaube oft sehr bereichernd. Ihr Eltern habt weitere Erwachsene an eurer Seite, die die Care-Arbeit im Urlaub mit übernehmen können – zumindest zum Teil. Dann hast du mit etwas Glück tatsächlich Erholung! (Denn Urlaub mit kleinen Kindern ist oft stressiger als der Alltag.) Und ihr habt als Großfamilie endlich einmal genug Zeit, ohne lästige Verpflichtungen, um enger zusammenzuwachsen. Es gibt auch günstige Angebote, zum Beispiel Familienzimmer in Jugendherbergen, wenn das Budget knapp ist. Geh in dich, ob du dir einen solchen Urlaub vorstellen kannst. Wenn sich dir schon bei dem Gedanken daran die Nackenhaare aufstellen: Lass es. Es soll für niemanden in Stress ausarten.

Kinder allein bei Opa und Oma?

Die Königsdisziplin: Kinder besuchen Oma und Opa und bleiben allein dort. Das funktioniert nur, wenn ihr alle dafür bereit seid: du und dein Partner, die Kinder für diese Zeit loszulassen, Oma und Opa, die Verantwortung zu übernehmen, und die Kinder, sich das zu trauen. Wenn das der Fall ist, haben du und dein Partner eine richtige Auszeit, die ihr euch wirklich verdient habt. Aber versucht nichts zu erzwingen. Das ist in vielen Fällen schon nicht besonders einfach, wenn die Großeltern häufiger Kontakt zu ihren Enkeln haben.

So harmonisch das alles klingt, die Beziehung zu den Großeltern ist natürlich nicht immer frei von Konflikten. Eure Vorstellung von Erziehung klafft weit auseinander? Die Großeltern wollen sich vielleicht gar nicht einbringen? Das sind zwei Szenarien, zu denen wir den Paarberater Sascha Schmidt befragt haben, der sich in seinem Buch „Glücksfall Großeltern“ intensiver mit der Rolle von Omas und Opas in der Familie auseinandergesetzt hat.

DER KONFLIKT GEHÖRT AUF DEN TISCH

Interview mit Paarberater Sascha Schmidt

Herr Schmidt, die Beziehung zu den Großeltern ist eine besondere, aber häufig auch etwas kompliziert – vor allem, wenn diese einen (großen) Teil der Kinderbetreuung übernehmen. Wie kann es Eltern gelingen, hier um Unterstützung zu bitten, ohne dass es zu Missverständnissen oder größeren Konflikten kommt?

Eltern sollten sich von Anfang bewusst machen, dass die Großeltern nur das Beste für ihre Enkelkinder wollen. Die Probleme entstehen häufig, wenn die Art und Weise der Kinderbetreuung durch Oma und Opa nicht mit den Vorstellungen der Eltern übereinstimmen. Diese Spannung lässt sich auf zwei Arten lösen:

1. Ich überprüfe als Mutter oder Vater, ob ich nicht einfach gelassener werden kann. Bei einigen Sachen mag ich innerlich die Augen verdrehen und denken: „Muss das sein?" Doch wenn es dem Kind weder körperlich noch geistig schadet, kann ich vielleicht einfach loslassen. Hilfreich ist es, sich immer wieder zu vergegenwärtigen, dass einmal oder zweimal pro Woche bei Oma und Opa für die Kinder auch eine Art Urlaub von den Eltern ist. Da kann ich als Kind durchschnaufen.
2. Ich spreche freundlich und gleichzeitig bestimmt an, was ich als Elternteil nicht will. Es kann etwa sein, dass ich die Menge der Süßigkeiten oder den TV-Konsum nicht okay finde. Bitte nicht als Vorwurf à la „Wie kannst du nur!", sondern als Gespräch unter Erwachsenen: „Ich sehe, dass du immer Schokolade griffbereit hast. Ich will das nicht. Kannst du mir zuliebe darauf verzichten oder stattdessen Obst nehmen?"

Der Konflikt gehört auf den Tisch. Empfehlung ist auch hier, nicht mit einem Vorwurf zu beginnen, sondern verstehen zu wollen, wieso Oma und Opa so handeln, wie sie es machen. Entschärfend wirken

Formulierungen, die darauf hinweisen, dass die heutige Erziehungswissenschaft weiter ist als vor 30 oder 40 Jahren. Dass sie als Eltern also andere Informationen darüber haben, wie eine gute Eltern-Kind-Beziehung gelingen kann. Damit nimmt man die persönliche Wucht aus dem Konflikt und verweist auf eine neutrale wissenschaftliche Instanz.

Nicht immer WOLLEN die Großeltern eine größere Rolle im Leben ihrer Enkelkinder spielen. Wenn der Kontakt sehr sporadisch ist und wenig Interesse vorhanden, ist das oft eine große Enttäuschung. Nicht nur für die Enkelkinder, sondern auch für Mütter und Väter. Haben Sie Tipps, wie sie diese Situation handeln können?

Umgehen können Sie die Situation leider nicht. Sie können sie nur annehmen. Leider ist es so, wie es ist. Das schmerzt. Und diesen Schmerz können Sie als Selbstoffenbarung den Großeltern mitteilen: „Ich bin traurig darüber, dass ihr aus meiner Sicht so wenig Interesse an euren Enkelkindern zeigt. Ich möchte gerne verstehen, woran das liegt. Wie seht ihr das?“ Das ist ein Angebot für einen Dialog, ohne die Großeltern ändern zu wollen. Durch das gegenseitige Verstehen entstehen oft neue Brücken zueinander. Wenn die Kinder nachfragen, wieso Oma und Opa nie vorbeikommen, sollten Sie auch ehrlich antworten: „Ich weiß es nicht und finde es auch schade.“ Punkt. Mehr brauchen – gerade Kleinkinder – nicht an Erklärung. Letzter Hinweis: Bitte nicht die Kinder „missbrauchen“, um den Kontakt herzustellen: „Mal der Oma doch mal ein schönes Bild, damit sie vorbeikommt.“ Die Enttäuschung, wenn es nicht klappt, ist groß. Hier sollten Eltern in der Verantwortung sein und das Thema mit ihren eigenen Eltern oder Schwiegereltern klären.

Wenn du eine schwierige Beziehung zu deinen (Schwieger-)Eltern hast

Noch aus einem weiteren, nicht so seltenen Grund, kann die Beziehung zu den Großeltern konfliktbeladen sein: Wenn ihr euch nicht gut versteht, wenn Erfahrungen aus deiner Kindheit oder der deines Mannes zwischen euch stehen, wenn alte Streitigkeiten und Verletzungen noch im Raum stehen, wenn dein „inneres Kind" nicht genügend Abstand hat. Das heißt, wenn du dich nicht wohl damit fühlst, Zeit mit Oma und Opa zu verbringen oder gar überhaupt Kontakt zu halten.

Wenn es dir gelingt, auszuhalten, dass zumindest deine Kinder Kontakt zu ihnen haben, können die Großeltern dennoch eine Hilfe sein. Du musst allerdings aufpassen, dass du dich emotional genügend abgrenzen kannst. Die Kommunikation ist dann wahrscheinlich schwieriger, als wenn ihr eine gelungene Beziehung zueinander hättet. Aber vielleicht gelingt es mit dem Abstand einer Generation, dass die Beziehung zwischen deinen Kindern und den Großeltern eine glücklichere ist als die deine. Mach hier das, was dir guttut!

Wenn ein Kontakt nicht möglich und/oder erwünscht ist, von welcher Seite auch immer, dann können auch andere Familienmitglieder die Rolle der Großeltern übernehmen: Geschwister, Onkel und Tanten, Cousinen und Cousins – in fast jeder Familie findet sich jemand, der Lust und Zeit hat, zu helfen und Teil eures Familienclans zu sein. Auf den Verwandtschaftsgrad kommt es nicht so sehr an, sondern auf den Willen und den Spaß daran, Zeit mit deinen Kindern zu verbringen. Auch hier gelten die Tipps, die wir bereits gegeben haben: Redet miteinander, kommuniziert klar, was ihr möchtet und was nicht (und zwar beide Seiten) und justiert immer mal wieder nach. Familie kann man sich nicht aussuchen, das stimmt, aber man kann sich sehr wohl aussuchen, welche Familienmitglieder man in den engen Vertrauenskreis und in das eigene Dorf mit aufnimmt. Achte auf dich, deinen Partner und dein(e) Kind(er): Wer tut euch gut? Wer entlastet euch wirklich? Wen habt ihr gerne um euch? Das ist das Wichtigste.

LEIHGROSSELTERN

Wenn Oma und Opa aus welchen Gründen auch immer nicht greifbar sind, versucht es doch mit Leihgroßeltern. In vielen Städten und Gegenden gibt es ältere Menschen, die sich als solche zur Verfügung stellen. Finden könnt ihr sie entweder privat, zum Beispiel in der Nachbarschaft über Aushänge oder Ähnliches, oder aber über Institutionen oder Agenturen, die vermitteln.

Wie richtige Omas und Opas verbringen sie Zeit mit euch gemeinsam oder nur mit den Kindern, können euch zum Beispiel auf Ausflüge begleiten oder auch einfach am Familienleben teilhaben. Die Arrangements sind sehr individuell.

Wenn ihr jemanden gefunden habt, testet, ob ihr harmoniert und tastet euch langsam aneinander heran. Wenn ihr ein Match habt, ist das eigentlich eine „Win-win-Situation": Du bist entlastet, die Kinder haben eine weitere wichtige Bezugsperson und die Leihoma oder der Leihopa ist nicht mehr allein und hat familiären Anschluss.

Dein Dorf
Halte kurz inne und überlege: Gibt es weitere (mögliche) Änderungen in deinem Papier-Dorf? Ergänze gegebenenfalls Personen und/oder verteile weitere Post-its.

Freundschaften und Elternnetzwerk

Freundinnen und Freunde sind deine selbst gewählte Familie. Deine Beziehung zu ihnen ist in der Regel weniger kompliziert als die zu deinen (Schwieger-)Eltern, denn du hast sie dir ja ausgesucht. Unabhängig davon, ob es dir gerade gut oder schlecht geht, findest du bei ihnen Anerkennung, Wertschätzung, Austausch und Motivation. Sie schützen dich vor dem Gefühl, allein und isoliert zu sein (gerade im ersten Jahr mit Kind ein nicht zu unterschätzender Faktor!) und stärken dein Selbstwertgefühl. Um es auf den Punkt zu bringen: Freundschaften tun dir gut! Und sie sind ebenso Teil deines Hilfenetzwerks wie deine Familie. Vielleicht fällt es dir sogar leichter, sie um Hilfe zu bitten, weil sie dir näher stehen oder für dich unkomplizierter sind. Für sie bist du nicht „nur" Tochter oder „nur" Mutter – sondern eben einfach du, unabhängig von irgendwelchen Rollen.

Trotzdem, das wollen wir nicht verschweigen und das hast du vielleicht selbst schon erfahren, ändern sich wahrscheinlich auch einige deiner Freundschaften, wenn du Mutter wirst. Deine Freizeit ist jetzt knapper bemessen und deine Themen verschieben sich vor allem in den ersten Wochen und Monaten vermutlich stark. Manche Freunde oder Freundinnen werden sich deshalb vielleicht zurückziehen oder auch du wirst Abstand suchen – das ist völlig okay. Dafür sind Kinder besser als jede Dating-App: beim PEKiP-Kurs, im Kindergarten, auf dem Spielplatz, in der Schule oder bei etlichen Freizeitaktivitäten lernst du eine Menge anderer Eltern kennen, von denen einige auch auf deiner Wellenlänge sind. Versuche zu akzeptieren, dass nicht alle Freundschaften die neue Lebenssituation aushalten, gerade, wenn du sehr traurig bist. Wahre Freundschaften bleiben (oder kommen) – auch wenn es dir gerade nicht so gut geht und du vor lauter Überforderung primär nur auf dich und dein(e) Kind(er) schauen kannst. Und diese Menschen sind es auch, die gerne einspringen, wenn Not am Mann oder der Frau ist.

„Letztens hatten wir einen Tag, der mich emotional und organisatorisch komplett überfordert hat. Am Mittag rief der Kindergarten an, mein Großer war gestürzt. Es stellte sich raus, dass wir das unbedingt ärztlich abklären mussten und er eventuell eine Nacht im Krankenhaus verbringen müsste. Gleichzeitig hatte ich einen nicht verschiebbaren, sehr wichtigen Arzttermin. Mein Mann konnte den Großen übernehmen, der Opa kurz auf den Kleinen aufpassen. Aber ich wusste nicht, wie ich die Nacht allein mit dem Kleinen und gesundheitlich angeschlagen überstehen sollte. Ich habe eine Freundin angerufen, die ich seit dem Geburtsvorbereitungskurs meines Großen kenne und die auch meine Wochenbettdepression mitgemacht hat. Sie hat sofort die richtigen Worte gefunden, mich ein bisschen runtergebracht und ihre Hilfe angeboten. Das war so entlastend, denn bei ihr weiß ich immer, dass das keine leeren Versprechungen sind. Es war am Ende nicht nötig, aber es hat mich den Tag deutlich entspannter zu Ende bringen lassen."

Susanne, Mutter zweier Kinder (1 und 5)

In guten wie in schlechten Zeiten

Auch deine Freunde und Freundinnen, die selbst keine Kinder haben, können die Hilfe leisten, die du gerade nötig hast: Babysitten, Essen kochen, Termine vereinbaren – du weißt, was du brauchst und du kennst sie gut. Trau dich, zu fragen. Auch, wenn du gerade keine Gegenleistung erbringen kannst. Du weißt ja mittlerweile, dass das nicht nötig ist. Dein „Karma-Konto" ist komplexer als eine tagesaktuelle Soll-und-Haben-Aufstellung. Und auch hier gilt: Kommuniziere klar, teile eure grundsätzlichen Familienregeln mit und bitte immer wieder auch um Rückmeldung, wie es den Helfenden geht. Eure Freundschaft profitiert im besten Falle davon, dass ihr auch schwierige Zeiten gemeinsam durchsteht. Das schweißt zusammen, oft fürs Leben.

Freundschaften zu pflegen …
ist gar nicht so leicht, wenn dir selbst für das Familienleben an den meisten Tagen die Zeit und die Kraft fehlen und auch noch dein Partner und dein Job warten. Trotzdem solltest du dich nicht komplett und wortlos zurückziehen. Freundschaften geben dir gerade jetzt den Halt, den du brauchst. Deshalb hier einige Tipps, wie du sie auch mit wenig Aufwand am Leben erhalten kannst:

Sei ehrlich
Deinen engen Freunden und Freundinnen sagst du am besten ganz klar, was mit dir los ist, und warum du aktuell keine Ressourcen für sie frei hast. *„Mir geht es nicht so gut, ich habe leider momentan weder Zeit noch Kraft, um mich um andere zu kümmern. Das liegt nicht an dir. Du bist mir sehr wichtig und ich melde mich wieder, wenn es mir besser geht. Ich hoffe, du kannst das verstehen.“* Sicher werden dann auch einige Hilfsangebote kommen, die du annehmen oder ablehnen kannst. Wie das geht, hast du bereits gelernt.

Nutze die „Wunder der Technik“
Wenn es ein reines Zeitproblem ist, du am Abend erschöpft neben deinem Kind einschläfst und ihr keine gemeinsame Zeit zum Telefonieren oder Treffen findet, dann tut es vielleicht auch eine kurze Nachricht im Messenger oder eine Sprachnachricht. Die könnt ihr in euren Zeitfenstern aufnehmen und abhören und sie sind etwas persönlicher als schriftliche Texte.

Sei authentisch
Verbiege dich nicht. Das ist ein unnötiger Kraftakt und Energie ist nun mal begrenzt vorhanden. Freundschaften sollten eine Ressource sein und nichts, was bei der Aufrechterhaltung enorm Kraft kostet. Du willst auch über anderes als deine Kinder sprechen? Tu das, trau dich. Du bist auch noch etwas anderes als Mama. Dein Lieblingsthema ist aktuell dein Kind und alles, was drum herum geschieht? Auch okay und ganz normal, besonders im Wochenbett.

Wenn du merkst, dass es deinem Gegenüber etwas zu viel wird, bitte entweder um Verständnis oder wechsle in die Zuhörerposition.

Erhaltet euch Rituale

In vielen Freundschaften gibt es kleinere oder größere Rituale und Besonderheiten, die verbinden. Versucht euch das zu erhalten und sie möglich zu machen. Und wenn das aktuell nicht möglich ist, dann übergehe es nicht einfach, sondern sprich mit deinem Freund oder deiner Freundin darüber, warum es nicht geht und ob es nur verschoben ist, oder ob es ein neues, abgewandeltes Ritual braucht.

Nutze Social Media

Richtig eingesetzt sind die sozialen Medien eine wunderbare Möglichkeit, über das Leben deiner Freunde und Freundinnen auf dem Laufenden zu bleiben, auch wenn du selbst gerade nur als Zuschauerin daran teilhaben kann. Auf den meisten Plattformen kann man private Listen oder Gruppen anlegen, wo man geschütztere Inhalte teilen oder eben gesondert die gewünschten Menschen im Blick behalten kann und somit nichts verpasst. Andersherum machen es dir die sozialen Medien leichter, mit mehreren Menschen Inhalte zu teilen und sie wiederum an deinem Mama-Leben teilhaben zu lassen.

Setze dir klare Termine, an denen du dich meldest

Nicht jeder Mensch ist gut darin, Kontakt zu halten. Kommen dann noch stressige Umstände dazu, gelingt es manchen gar nicht mehr. Es klingt erst etwas ungewohnt: aber Termine helfen. Schreibe dir eine Notiz in den Kalender oder stelle eine Erinnerung am Handy ein, wenn du dich bei bestimmten Freunden oder Freundinnen regelmäßig melden willst. Vor allem bei denen, die dir besonders wichtig sind. Sie werden es zu schätzen wissen und du zeigst durch deinen Einsatz, wie wichtig dir die Freundschaft ist.

Wie du dir ein Elternnetz spannst

Ganz sicher werden sich für dich auch neue Freund- und Bekanntschaften ergeben, vielleicht schon in der Schwangerschaft, spätestens aber, wenn dein erstes Kind auf der Welt ist und zusammen mit dir am gesellschaftlichen Leben teilnimmt. Gelegenheiten, mit anderen Müttern und Vätern in Kontakt zu kommen, musst du nicht wirklich suchen: In der Schwangerschaftsgymnastik, der Krabbelgruppe, beim Bringen und Holen in Kindergarten und Schule, auf den Tauschbörsen im Dorf oder Stadtteilzentrum, auf dem Spielplatz, im Hallenbad ... Eltern sind einfach überall! Was du vielleicht suchen musst: einen kleinen Funken Mut, um über deinen Schatten zu springen und diese Mütter und Väter anzusprechen. Nutze hierbei das naheliegende Thema, um ganz locker ins Gespräch zu kommen: eure Kinder.

Gesprächsstoff ohne Ende also. Such nach Gemeinsamkeiten, die euch verbinden. Du hast mitbekommen, dass eine der anderen Schwangeren im Yogakurs ebenfalls selbstständig ist und noch nicht genau weiß, wie sie nach der Geburt in Sachen Kinderbetreuung vorgehen will? Sprich sie doch einfach mal an und tauscht euch darüber aus. Von der Betreuerin weißt du, dass sich dein Kind besonders gut mit einem anderen Jungen versteht? Dann nutze doch diese Kinderfreundschaft, um Kontakt zur Mutter zu knüpfen. Vielleicht entwickelt sich eine Freundschaft daraus, vielleicht aber auch „nur" eine gegenseitige Unterstützung in der Art, dass ihr eure Kinder zusammen spielen lasst und euch mit Ort und Aufsicht abwechselt. So hat jede von euch hin und wieder einen freien Nachmittag – für die To-do-Liste oder zum Entspannen. Egal, ob befreundete Mütter oder Väter schon lange an deiner Seite sind oder du sie gerade erst kennengelernt hast: Unterstützt euch gegenseitig. Manchmal hilft es schon, die langen Vormittage mit Baby gemeinsam zu verbringen, um nicht die Wände hochzugehen, oder mit größeren Kindern Spielverabredungen zu treffen. In Gesellschaft ist vieles weniger anstrengend, die Kinder sind zumindest zeitweise beschäftigt und vor allem kannst du dich austauschen. Ob nun über Kinderthemen, die dir am Herzen liegen (Gleichgesinnte haben oft sehr viel Verständnis), oder endlich mal wieder über etwas ganz anderes. Bestimmt findest du Mütter, und auch Väter, die sich über Austausch freuen und für gegenseitige Unterstützung sehr dankbar sind. Oftmals fehlt es nur am Mut, die Initiative zu ergreifen und aktiv auf andere zuzugehen.

„Seit über fünf Jahren existiert unsere WhatsApp-Gruppe – anfangs hieß sie „Geburtsvorbereitungsgruppe“, dann „Krabbelgruppe“ und seit einigen Jahren nun schon „Lauftreff“. Aus einer bunt zusammengewürfelten Frauen-Gruppe zur Geburtsvorbereitung wurde eine richtige Clique, die nicht nur online füreinander da ist. Wir haben einen regelmäßigen Stammtisch auch ohne die Kinder und sind teilweise gegenseitig Taufpatinnen für die zweiten. Ich weiß, bei diesen Frauen kann ich alle meine Sorgen loswerden – nie schaut jemand doof.“

Katharina, Mutter zweier Söhne (2 und 4)

Fehlt es dir an Möglichkeit oder du bist ein sehr schüchterner Mensch, dann schau dich nach offiziellen Elternnetzwerken in deiner Region um. Vielleicht hatten schon andere Eltern vor dir den Bedarf und haben sich organisiert: über die Gemeinde, in einer WhatsApp-Gruppe, über einen Verein, ein Eltern-Kind-Zentrum oder Ähnliches. In solchen Netzwerken lernst du oft auch noch dazu und ihr habt eine gewisse politische Kraft, mit der ihr euch gemeinsam für eure Belange, beispielsweise längere Öffnungszeiten oder weniger Schließtage in der Kita, einsetzen könnt.

Eine weitere Möglichkeit, dir ein Elternnetz zu spannen, ist das Internet. Das World Wide Web und die Sozialen Medien sind für Eltern Fluch und Segen zugleich. Es gibt Informationen in Hülle und Fülle. Du kannst dort gleich gesinnte Eltern finden, mit denen du dich wunderbar austauschen kannst. Angebote gibt es viele: Elternforen, die wie eine große Diskussionsplattform funktionieren, Instagram-Profile, die sich dem Thema #mamasein verschrieben haben, WhatsApp-Gruppen, die häufig eher regional organisiert sind, und geschlossene Facebook-Gruppen, denen man meist nach Beantwortung einiger Fragen und Zustimmung der Gruppenregeln beitreten kann und darf sowie Apps, die bei der Suche und Vernetzung dienlich sind. Gehst du mit offenen Augen und kritischem Verstand durchs Internet, kannst du dort tolle Menschen finden, die Elternschaft so leben wie du, und von denen du die informative und emotionale Hilfe erhältst, die du dir wünscht und auch brauchst. Aber Achtung! Verlier die Schattenseiten nicht aus dem Blick. Achte auf einen vorsichtigen Umgang mit persönlichen Daten und wahre die Bildrechte deines Kindes oder deiner Kinder. Achte auch die Anonymität anderer und behandelt euch gegenseitig so, wie ihr es im persönlichen Kontakt auch tun würdet. Nimm dir Social-Media-freie Zeiten und lass es nicht zu einem Zeitfresser werden. Verzichte auf Vergleiche unter Müttern. Geh lieber mit gutem Vorbild voran und sorge für eine Atmosphäre, in der ein wertfreier Austausch möglich ist. Trage dazu bei, dass auch im Internet abgebildet wird, wie vielfältig die Lebensrealitäten von Eltern sein können.

Ideen für dein Elternnetz

Du hast da ein paar Mütter und Väter, mit denen du dich gut verstehst, aber noch nicht die richtige Idee gehabt, wie ihr euch unterstützen könnt? Oder du bist dir nicht sicher, welche Art der Unterstützung „angemessen“ und/oder praktikabel ist? Zur Frage der Angemessenheit möchten wir dir raten, dich selbst als Referenz zu nehmen. Du hast deinen Kompass immer dabei! Was also würdest DU angesichts der Intensität der jeweiligen Beziehung und des entsprechenden Näheverhältnisses für die anderen tun?

Als Inspiration kommt hier unsere Ideenliste:

- Tauscht Kleidung, Spielsachen und den kindlichen Fuhrpark aus.
- Bildet Fahrgemeinschaften zu Nachmittagsaktivitäten.
- Teilt euch das Abholen der Kinder aus Kindergarten oder Grundschule auf.
- Unterstützt euch in Sachen Kinderbetreuung.
- Geteilter Rechercheaufwand ist halber Aufwand! Tauscht Informationen zu Kindersitz, Sonnencreme, Trinkflasche usw. aus, statt stundenlang das Internet nach Testberichten zu durchforsten.
- Wechselt euch bei der Hausaufgabenbetreuung ab.
- Teilt Tipps zu tollen Ausflugszielen und/oder fahrt gemeinsam.
- Sprecht offen über Sorgen und Probleme in der Kindererziehung, wenn die Basis dafür stimmt.
- Unternehmt, wenn ihr Lust habt, auch mal etwas ohne die Kinder, um euch abseits eurer Mutterrolle näher kennenzulernen.

ES IST SO UNGLAUBLICH WERTVOLL, SICH ZU HELFEN

Gastbeitrag von Bloggerin Béa Beste

Wir haben eine Frau gefragt, die sich proaktiv ihr eigenes Elternnetzwerk aufgebaut hat: Bloggerin und Schulgründerin **Béa Beste** vom Blog tollabea.de. Folgende Tipps für ein hilfreiches Netz hat sie für dich:

Erster Schritt: Einigt euch auf einen Kommunikationsweg!
Nehmt auch die Menschen mit, die vielleicht nichts von modernen Messengern halten und lieber nur telefonieren. Fangt dann damit an, euch eine Übersicht zu verschaffen, was eure Miteltern besonders gut können und wo sie gerne unterstützen.

Vielleicht gibt es eine Mutter, die nebenher als Fußballtrainerin arbeitet und gerne noch eure Mädels und Jungs mit einbindet und gesammelt mitnimmt. Einen Vater, der künstlerisch sehr aktiv ist und sein Können und Wissen gerne weitergibt. Ein Großelternteil, der es liebt, vorzulesen oder mit Kindern zu kochen.

Manchmal ist es aber auch schon ausreichend, wenn ihr eine Gruppe von Menschen habt, die ihr fragen könnt, wo es den besten Apfelkuchen gibt, ob jemand einen Elektriker empfehlen kann oder ob jemand ein gutes Kinderbuch oder Geburtstagsspiele kennt. Daraus entstehen dann vielleicht auch andere Unterstützungsmöglichkeiten. Auch gemeinsame Aktivitäten.

Es ist so unglaublich wertvoll, sich zu helfen bei der manchmal überwältigenden Aufgabe, Kinder zu erziehen und durch die Schule zu bringen. Man fühlt sich dann nicht so einsam und verloren angesichts dieser großen Aufgabe, die man für den geliebten kleinen Menschen bestmöglich erfüllen möchte. Wichtig ist es dabei, dass jeder und jede so viel einbringen darf, wie er oder sie möchte, und ihr euch wirklich als Netzwerk und nicht als hierarchisch strukturierte Gruppe versteht.

Und noch was:
Wenn ihr das Gefühl bekommt, mehr Kraft und Zeit zu investieren, als ihr eigentlich habt, dann läuft etwas falsch.

Beim Yoga wird oft davon gesprochen, dass man nur so weit in die Dehnung gehen soll, wie es der Körper gerade zulässt (und das kann jeden Tag anders sein). Das gilt auch für eure Kräfte, es muss sich gut anfühlen und darf nicht belasten. Es ist vollkommen richtig und gut, auch „Nein“ sagen zu können, aber genauso wichtig, um Hilfe zu bitten, wenn ihr nicht mehr weiterwisst.

Ich selbst habe ein kleines, feines Elternnetzwerk in der Grundschulzeit meiner Tochter auf wunderbare Weise erfahren: Wir waren eine Gruppe, bestehend aus fünf Familien, und wir haben uns per E-Mail kurzgeschlossen, wann immer Klärungsbedarf war. Unsere Anliegen haben wir folgendermaßen organisiert:

1. Background (möglichst neutral und objektiv): Was genau ist passiert?
2. Problem: Was gilt es zu lösen?
3. Frage oder Bitte an die anderen: Was sollen sie zurückschreiben oder konkret leisten?

Das hat über Jahre extrem gut geklappt und war uns eine Entlastung. Es ist uns allerdings schon mal passiert, dass die Kids manchmal unseren Zusammenhalt als Eltern gar nicht so witzig fanden, wenn sie mit „Alle dürfen das"-Argumenten etwas durchsetzen wollten.

Keine Angst vor Außer-Haus-Betreuung

Während die Betreuung von Kindern durch ihren Vater, die Großeltern, weitere Familienmitglieder oder auch Freunde meist im häuslichen Umfeld der Familie stattfindet, ist die Kinderbetreuung in einer Krippe, Kindertagesstätte, einem Kindergarten oder durch Tageseltern dadurch gekennzeichnet, dass sie in einem dem Kind erst mal ungewohnten Umfeld stattfindet. Daher auch die etwas neuere Bezeichnung: Außer-Haus-Betreuung. Vom Wort „Fremdbetreuung" nimmt man immer häufiger Abstand, da sich heutzutage die Mehrheit – besonders bei kleinen Kindern – um eine stabile Bindungs- und Betreuungsperson bemüht. Diese Person und in weiterer Folge auch die Einrichtung kann und soll deshalb nach einer Eingewöhnung nicht mehr treffend als „fremd" bezeichnet werden.

Trotzdem spuken dir vielleicht immer noch Bedenken durch den Kopf, wenn es um die Außer-Haus-Betreuung deines Kindes oder deiner Kinder geht: die Angst vor einer schädlichen Auswirkung auf eure Mutter-Kind-Bindung und vor negativen Effekten für die Entwicklung deiner Kinder. Ein gewisser Druck von außen, bestimmte Rollenvorstellungen und ein daraus irrtümlich resultierendes schlechtes Gewissen tun ihr Übriges im Strudel der mütterlichen Belastungen.

Zur ersten Angst, die einer negativen Auswirkung auf die Mutter-Kind-Bindung, gibt es beruhigende Erkenntnisse. Forscher sind sich einig: Bindung ist nicht auf die Familie beschränkt, und nach ausreichender Zeit, um eine neue feinfühlige Betreuungsperson kennenzulernen, kann das Kind eine erfolgreiche Bindung zu seinen externen Betreuungspersonen eingehen. Die primäre Bindung bleibt dabei stabil und sicher und bildet die Grundlage dafür, dass weitere Bindungsbeziehungen eingegangen werden können. Voraussetzung für eine weitere sichere Basis ist eine entsprechende Eingewöhnung. Das ist ein sehr individueller Prozess, für den ein Modell nur eine Richtschnur und keine Garantie sein kann. Ein bewährtes Modell für den Übergang von der Familie in die Kinderbetreuung ist das Münchner Eingewöhnungsmodell. Wir stellen es dir im Exkurs genauer vor, damit du dich gegebenenfalls mit eurer Kinderbetreuungseinrichtung darüber austauschen kannst und weißt, worauf du achten solltest. Für die gesamte Eingewöhnung gilt: Sorge für ausreichend Zeit und Geduld, auch für die Nachmittage nach den Eingewöhnungsstunden.

Exkurs: Münchner Eingewöhnungsmodell

Das Konzept der Münchner Eingewöhnung (Winner/Erndt-Doll 2013) soll allen Familienmitgliedern helfen, den Übergang in die Außer-Haus-Betreuung gut zu bewältigen. Daher schließen die folgenden Schritte eine Eingewöhnung für Kleinkinder und eine „Umgewöhnung“ für Eltern ein. Für Eltern ist diese Zeit eine doppelte Herausforderung: ein eigener Übergang in eine neue Phase sowie die Unterstützung des Kindes beim Meistern dieses Prozesses. Ziel ist eine sensible und bedürfnisorientierte Eingewöhnung mit ausreichend Zeit für alle Beteiligten. Die folgenden Phasen stellen eine Orientierung dar:

1. Vorbereitungsphase
Die Eltern werden über die Bedeutung der Eingewöhnung, ihre Rolle als „sicherer Hafen“, den Ablauf der Eingewöhnung und die geplante Dauer (2-4 Wochen) informiert. Die Bezugserzieherin oder der Bezugserzieher wird unter anderem über Gewohnheiten des Kindes sowie die Einstellungen und Erwartungen der Eltern informiert.

2. Kennenlernphase
Diese Phase dauert etwa eine Woche. In dieser Woche besuchen die Mutter und/oder der Vater mit dem Kind die Einrichtung und lernen den Alltag kennen. Das Kind lernt mit mit den Eltern als sicherem Hafen den Alltag in der Einrichtung kennen und lernt außerdem am Modell der anderen Kinder, welche Rolle die Fachkräfte spielen, welche Möglichkeiten und Grenzen es an diesem Ort gibt und was es künftig erwarten kann.

3. Sicherheitsphase

Nach der Kennenlernphase folgt eine Woche des Beziehungsaufbaus zwischen Bezugserzieherin oder -erzieher zum Kind, in Anwesenheit des Elternteils. Er oder sie konnte sich in der Kennenlernphase ein Bild der Interessen und Bedürfnisse des Kindes machen und kann dies nun nutzen, um in Kontakt zu gehen. Die Kinder der Gruppe werden aktiv in die Eingewöhnung einbezogen, da sie dem einzugewöhnenden Kind vermitteln können, dass man an diesem Ort mit diesen Menschen sicher ist. Sie helfen dem Kind dabei, einen vorhersehbaren Alltag zu erleben, was zu einem Gefühl der Sicherheit führt.

4. Vertrauensphase

Nach diesen zwei Wochen können alle Beteiligten die Erfahrung gemacht haben, dass man in dieser Einrichtung gut aufgehoben ist. Das Kind hat Vertrauen gefasst und die Eltern haben durch den Einblick in den Alltag erfahren, dass diese Einrichtung eine Familienergänzung ist. Mit diesem Gefühl kann es zur ersten Trennung kommen. Diese muss klar kommuniziert werden, allen voran dem Kind. Ist das Kind mit der Trennung einverstanden (d. h. es lässt sich beruhigen und nimmt das Spiel und den Kontakt zu anderen Kindern nach dem Verabschieden wieder auf), gilt die Eingewöhnung als abgeschlossen. Anderenfalls wird geraten, noch ein paar Tage elterliche Begleitung anzuhängen.

5. Reflexionsphase

Die Auswertung und Nachbesprechung der Eingewöhnung ist ein wichtiger Abschluss für alle beteiligten Erwachsenen und dient der Weiterentwicklung der Erziehungspartnerschaft zwischen den Eltern und der Einrichtung.

Anmerkung: Einrichtungsinterne Konzepte sind oft Varianten dieses oder des Berliner Modells.

Und was ist mit deinen Sorgen hinsichtlich der Auswirkungen auf die Entwicklung deines Kindes? Auch hier zeigen die Forschungsergebnisse, dass Kinder sich sowohl zu Hause als auch in der Kita normal entwickeln können. Vorausgesetzt, sie werden von ihnen zugewandten und feinfühligen Personen betreut und man versucht, häufige Beziehungsabbrüche zu vermeiden. Studien, die einen negativen Einfluss auf das kindliche Verhalten fanden, berichten häufig auch von einem schwierigen Elternhaus und weiteren Faktoren, die Verhaltensauffälligkeiten ebenfalls erklären können. Außer-Haus-Betreuung als einzelner Risikofaktor für „schwieriges Verhalten" ist schlicht nicht nachweisbar. Allerdings kann eine qualitativ hochwertige Betreuung (ausreichend ausgebildete Fachkräfte, guter Betreuungsschlüssel usw.) nachweislich mit einer positiven Auswirkung auf die Bildung in Verbindung gebracht werden: Merkfähigkeit und Sprache sind besser entwickelt, die geistigen Fähigkeiten haben einen leichten Vorsprung. Auch ein positiver Effekt auf das Sozialverhalten und die Kreativität werden häufig angenommen. Eine schlechtere Kinderbetreuung wirkt sich hingegen nicht auf die Bildungschancen der Kinder aus.

Die richtige Wahl treffen

Angesichts der oben beschriebenen Sorgen und der Fülle der Möglichkeiten fällt es dir vermutlich schwer, eine Wahl zu treffen. Alle haben Vor- und Nachteile und es gibt verschiedene Aspekte, die wir für dich verglichen haben. Wichtig ist jedoch am Schluss immer, dass du und dein(e) Kind(er) sich damit wohlfühlen.

Alle bisher genannten Effekte gelten für Betreuungsformen, die außer Haus stattfinden, also **Kinderkrippen, Kindertagesstätten, Kindergärten und Tagesmütter/-väter**. Letztere betreuen in der Regel weniger Kinder gleichzeitig, das Umfeld wird meist familiärer wahrgenommen und individuelle Bedürfnisse eines Kindes können besser berücksichtigt werden. Während der Schließtage aufgrund von Krankheit oder Urlaub müssen die Kinder von den Eltern betreut werden, wohingegen die meisten institutionellen Betreuungseinrichtungen eine Alternative anbieten oder generell kürzere Schließzeiten haben. Hier müssen jedoch regionale und länderspezifische Unterschiede beachtet werden. Krankenstände spielen für die angebotene Betreuungszeit (nicht die Qualität) in einer Kita keine nennenswerte Rolle. Dem steht entgegen, dass eine Tagesmutter/ein Tagesvater flexiblere Betreuungszeiten anbieten kann und Kinder teilweise sogar über Nacht nimmt. Solltest du oder dein Partnern wechselnde Arbeitszeiten haben oder im Schichtbetrieb arbeiten, kann das ein großer Vorteil sein. Außerdem kommt es im Rahmen der Betreuung durch Tageseltern im Normalfall seltener zu Beziehungsabbrüchen als in einer größeren Einrichtung, in der Angestellte, Praktikantinnen und Praktikanten sowie das erweiterte Personal häufiger wechseln. Ein weiterer Unterschied findet sich in der Ausstattung. Während Kinderkrippe und Kindergärten häufig gemeindefinanziert sind, müssen Tageseltern für ihre Einrichtung und die verfügbaren Spielsachen selbst aufkommen. Dabei kann es, je nach persönlichem Empfinden, auch zu Unterschieden in Sachen Sauberkeitsvorstellungen kommen. Das darf keinesfalls unterschätzt werden. Denn fühlst du dich bei der Eingewöhnung unwohl, wird sich dein Kind mit seinem feinen Gespür für deine Signale sehr schwertun, Vertrauen zu fassen und sich dort wohlzufühlen.

Der letzte Punkt in diesem Vergleich ist der pragmatischste, aber vermutlich auch maßgeblichste: die Kosten. Hier sind die regionalen Unterschiede sehr spürbar. Mancherorts ist der Kindergarten ab einem gewissen Alter verpflichtend und dafür kostenlos, während die Tageseltern kaum erschwinglich sind. In anderen Regionen wird eine Betreuung bei Tageseltern finanziell gefördert, dafür sprengt die private Kinderkrippe womöglich euer Haushaltsbudget. Hier lässt sich keine abschließende Aussage treffen, das muss von Region zu Region erfragt werden.

Neben den Möglichkeiten der Außer-Haus-Betreuung und der familiären Betreuung durch deine Verwandten (→ „Die Familie als Halt"), gibt es auch noch semiprofessionelle Optionen im häuslichen Umfeld: **Babysitterinnen und Babysitter sowie Au-pairs**. Semiprofessionell, weil es meist keinen Qualitätsstandard und keine Ausbildung gibt, an denen sich die betreuenden Personen orientieren. Die Qualität kann also sehr variieren. Babysitten ist sicherlich das bekannteste häusliche Kinderbetreuungsmodell. Egal ob die Teenager-Tochter der Nachbarn oder ein Student über eine Babysitting-Börse, wir alle wissen, dass das eine mehr oder weniger verlässliche und günstige Möglichkeit ist, dir ein paar Stunden Zeit für dich freizuschaufeln. Allerdings ist es meist keine Option für langfristige und regelmäßige Betreuung, wenn du und dein Partner wieder ins Berufsleben einsteigen, sondern eher für den Kino-Abend als Paar oder ein paar extra Stunden Me-Time. Und dann gibt es noch die Au-pairs. Hier gilt: Sie sind nicht überall verfügbar und wenn, dann meist nur über eine Agentur. Dafür hast du, sofern ihr genug Geld und Platz für ein Au-pair habt, mehrere Monate eine helfende Hand mehr im Haushalt und bei der Kinderbetreuung. In Deutschland und Österreich sind Rechte und Pflichten der Gastfamilien und der Au-Pairs genau geregelt, sodass es beispielsweise nicht erlaubt ist, mehr als 30 Wochenstunden Arbeitsaufwand von den Au-pairs zu verlangen. In der Schweiz sind je nach Kanton bis zu 40 Stunden erlaubt. Die Gastfamilie stellt Unterkunft, Essen und ein kleines Taschengeld, damit sich die oder der Au-pair mit der Sprache und Kultur des Landes vertraut machen kann. Dafür kann sie oder er bei der Kinderbetreuung und leichten Haushaltstätigkeiten helfen.

Worauf also achten?

Wie du gesehen hast, gibt es ein paar Möglichkeiten, in Sachen Kinderbetreuung deinen/euren Weg zu finden. Wir wollen dir hier noch ein paar Kategorien an die Hand geben, auf die du jede Betreuungsoption prüfen solltest. Mach dir am besten eine Übersichtsliste. Denn sie muss zu euch und eurer Lebenssituation passen.

- Welche Betreuungsmöglichkeiten habe ich privat oder institutionell?
- Großeltern? Verwandte? Freunde oder Freundinnen?
- Kinderkrippe/Kindertagesstätte/Kindergarten?
- Tageseltern?
- Leihgroßeltern?
- Au-pair? Babysitting?
- Abwechselnde Betreuung mit anderen Familien?
- Außer-Haus-Betreuung oder lieber in häuslicher Umgebung?
- Welcher Betreuungsschlüssel (Anzahl Betreuungspersonen: Anzahl Kinder) liegt vor? (Empfohlen wird 1:3 für Kleinkinder und 1:4–6 für Kindergarten- und Vorschulkinder.)
- Wie wird eingewöhnt und welche pädagogische Ausrichtung hat das Personal? Stimmt diese mit meinen Vorstellungen überein?
- Wie sind die Öffnungszeiten und die Schließtage und wie lassen sich diese mit meiner Berufstätigkeit und der des Partners vereinbaren?
- Und das Wichtigste: Fühle ich mich mit der Entscheidung wohl? Deine (Un-)Sicherheit überträgt sich auf dein Kind.

Wir haben Stefanie von Brück, Expertin für Kita-Eingewöhnung, Familienberatung und Kita-Fortbildungen, für dich noch ein paar Fragen gestellt.

BEZIEHUNGSSTARKE BEGLEITUNG HILFT

Interview mit Familienberaterin Stefanie von Brück

Die Außer-Haus-Betreuung, also die Betreuung eines Kindes durch Fachpersonal in einer Kinderbetreuungseinrichtung, wie Kinderkrippe, Kindertagesstätte, Kindergarten oder Ähnliches, ist oftmals mit Verunsicherung seitens der Mütter/Eltern verbunden. Statt Entlastung wartet dann eine weitere Belastung auf die Mutter/Eltern. Was sind deine Tipps für die Wahl der Betreuungseinrichtung, so man denn die Wahl hat, und eine gelingende Eingewöhnung in diese Einrichtung?

Eine wichtige Voraussetzung für eine unterstützende (statt belastende) familienergänzende Kinderbetreuung ist eine Entscheidung, die sich grundsätzlich richtig anfühlt. Das bedeutet nicht, dass alles perfekt sein muss, doch starke Zweifel oder faule Kompromisse können die Betreuung eines Kindes und das Wohlfühlen als Familie beeinträchtigen.

Haben Eltern die Wahl, können sie bei der Suche nach der passenden Einrichtung zum Beispiel auf Folgendes achten: Im Fokus sind die Menschen, die das Konzept umsetzen, nicht das Konzept selbst. Ist ein Kind von seiner Persönlichkeit her eher für eine Krippe oder eine Tagespflege geeignet? Wie weit ist die Betreuung vom Wohnort entfernt (kurze Wege machen das Leben leichter)? Wie läuft die Eingewöhnung ab, wie gut sind die Fachkräfte qualifiziert? Letzteres ist keine Frage des Alters, sondern der pädagogischen Haltung. Eltern dürfen viele, auch kritische Fragen stellen und sollten sich jederzeit willkommen und respektiert fühlen.

Für die Eingewöhnung selbst sind unter anderem wichtig:

Klarheit und emotionale Stärke. Wenn Eltern mit der Betreuung nicht im inneren Frieden sind, erschwert das den Loslass-Prozess. Ein schlechtes Gewissen hilft weder Mutter noch Kind. Kinder brauchen beziehungsstarke Unterstützung bei diesem bedeutsamen Übergang. Eltern sollen mitfühlen, aber nicht mitleiden. Das bedeutet: Keine Angst vor Kinder-Tränen.

Wenn es um die Betreuung der eigenen Kinder geht, haben Eltern ganz bestimmte Vorstellungen. Und nicht immer stimmen diese mit

gewissen Umgangsformen oder Verhaltensweisen einzelner Betreuungspersonen überein. Wie können Eltern damit umgehen?

Zunächst ist wichtig zu klären: Ist es mein Problem oder das Problem meines Kindes? Ist es ein Problem, was ich mit mir/mit meinem Kind innerfamiliär klären kann oder braucht es ein Gespräch mit der jeweiligen Betreuungsperson? Welche Gefühle und Bedürfnisse spielen eine Rolle? Letzteres gilt es klar und vorwurfsfrei zu kommunizieren und gemeinsam nach Lösungen zu suchen. Wenn das nicht hilft, gibt es einen Beschwerdeweg (Leitung, Träger/Vorstand, Fachaufsicht, Jugendamt). Helfen kann dabei auch der Elternrat. Sich in diesem zu engagieren ist eine gute Gelegenheit, positive Veränderungen herbeizuführen. Eltern dürfen und sollen auf Missstände in Kitas aufmerksam machen und gleichzeitig den Fachkräften respektvoll begegnen. Genauso wie Eltern ihren Kindern gleichwürdig begegnen, gilt das auch auf Erwachsenenebene. Wichtig ist also, das Beziehungsdreieck (Kind-Eltern-Fachkraft) über die Eingewöhnung hinaus zu stärken.

Wenn es einem Elternteil sehr schlecht geht, vielleicht sogar eine psychische Erkrankung im Raum steht, sorgen sich Eltern oft, dass sich dies auch auf ihre Kinder auswirkt und diese möglicherweise auffälliges Verhalten zeigen könnte. Wie kann man hier die pädagogischen Fachkräfte informieren und ins Boot holen, um den Eltern die Sorgen etwas zu nehmen beziehungsweise sie in dieser Sorge zu unterstützen und auch das Kind im Blick zu halten?

Betreuungspersonen sind ausgebildet, Kinder fachlich zu beobachten. Wenn sie informiert (nicht alarmiert) werden, hilft das, eventuell auftretende Veränderungen zu deuten und gegebenenfalls gemeinsam Wege zu erarbeiten, die dem Kind helfen, mit der Situation leichter umzugehen. Voraussetzung für die dafür notwendige Offenheit ist eine vertrauensvolle Beziehung zwischen Eltern und pädagogischen Fachkräften sowie eine ehrliche und entwicklungsgerechte Kommunikation mit dem Kind. Psychische oder physische Erkrankungen, aber auch andere herausfordernde Situationen sollen kein Tabu für Kinder sein. Sie brauchen jedoch Erwachsene, die ihre Verantwortung tragen und Kinder beziehungsstark in dieser Zeit begleiten. Pädagogische Fachkräfte können dabei genauso unterstützen wie Familienmitglieder.

Eingewöhnung durch den Vater oder eine andere Bezugsperson

Die Eingewöhnung ist eine kräftezehrende Zeit. Und möglicherweise fehlen dir aktuell die Ressourcen, um dein Kind dabei zu begleiten. Das ist nicht so dramatisch, wie du jetzt vielleicht denkst. Es kann sogar sehr sinnvoll sein, diese Aufgabe deinem Partner oder einer anderen vertrauten Bezugsperson, wie der Oma, zu übergeben. So zum Beispiel, wenn dich wegen der Außer-Haus-Betreuung ein schlechtes Gewissen quält oder du dich mit der Loslösung von deinem Kind schwertust. Das ist übrigens keine Seltenheit. Kinder haben ein feines Gespür dafür, dass etwas nicht stimmt, und beziehen dies dann auf die Situation in der Betreuungseinrichtung und nicht auf das, was dahintersteckt, zum Beispiel einen Rollenkonflikt zwischen Mutter und berufstätiger Frau. Tut sich dein Partner leichter oder ist in dieser Angelegenheit etwas pragmatischer, könnte es für alle Beteiligten der gangbarere Weg sein, wenn er die Eingewöhnung übernimmt. Wichtig ist in diesem Fall, dass die eingewöhnende Bezugsperson nicht wechselt. Also wer auch immer die Eingewöhnung übernimmt, sollte die gesamte Zeit verfügbar sein. Ein Wechsel ist nach Möglichkeit zu vermeiden.

„Die Eingewöhnung unseres zweiten Kindes lief, um ehrlich zu sein, gar nicht. Wir waren so verwöhnt vom ersten Mal und nun tat sich auch nach vier Wochen immer noch nichts. Er konnte sich einfach nicht von mir lösen. Auch wenn es nicht optimal ist, die Bezugsperson während der Eingewöhnung zu wechseln, haben wir den Vorschlag der Kita angenommen und mein Mann hat übernommen. Innerhalb von zwei Wochen war die Sache erledigt und der Kleine geht seitdem jeden Tag gerne und ohne Tränen hin. Am Anfang hat es sich seltsam für mich angefühlt, aber im Nachhinein war das für alle die beste Lösung.“

Susanne, Mutter zweier Söhne (1 und 5)

Zu guter Letzt: ein paar Lifehacks zu Eingewöhnung und Außer-Haus-Betreuung

Abgesehen von Studien und Modellen dürfen wir auch aus dem Erfahrungsschatz vieler Eltern schöpfen und haben daher auch noch ein paar alltagsgeprüfte Tipps in unserem Werkzeugkoffer:

- Sprich positiv von Kita, Krippe & Co. Gerne darf es auch etwas Vorfreude sein, mit der ihr gemeinsam einen Rucksack oder eine Brotdose für den Kita-Start kauft. Lass es für dein Kind kein notwendiges Übel, sondern ein spannendes Abenteuer werden.
- Ein vertrauter Gegenstand, ein treuer Begleiter, hilft dem Kind, diesen Übergang zu meistern. Das kann ein Tuch, ein Stofftier, ein Armband, ein kleiner, frisch geküsster Stein (ein „Kussspeicher") in der Hosentasche und vieles mehr sein. Eurer Kreativität sind keine Grenzen gesetzt. Findet gemeinsam etwas, das deinem Kind hilft, auch über die Distanz hinweg mit dir/euch in Verbindung zu gehen.
- Regelmäßigkeit und kleine Rituale machen die Welt für Kinder vorhersehbarer und geben ihnen ein Gefühl der Sicherheit. Versucht daher, den morgendlichen Abschied und auch das Abholen immer relativ gleich zu gestalten.
- Auch Planbarkeit verschafft deinem Kind ein Gefühl der Sicherheit. Nimm die Kita-Tage in den Wochenplan auf (vielleicht mit einem Sticker?). Wenn möglich, gib deinem Kind auch einen Anhaltspunkt, wann du zurück sein wirst. „Nach dem Mittagessen" oder „Nach dem Mittagsschlaf" kann eine für Kinder nachvollziehbare Orientierung sein.
- Verabschieden! Wirklich immer verabschieden! Auch wenn dein Kind bereits eingewöhnt ist und hoffentlich fröhlich von der Garderobe in den Gruppenraum läuft: Sorge dafür, dass dein Kind weiß, dass du nun gehst.
- Thema Abstillen: Es ist ein Irrtum, dass man unbedingt Abstillen muss, wenn es um die Eingewöhnung und die Außer-Haus-Betreuung geht. Stillen hilft, Stresshormone abzubauen und kann

dem Kind helfen, nach der morgendlichen Betreuung nachmittags in die Entspannung zu finden.

- Genieße, dass der Bildungsauftrag für dein Kind, also etwa die künstlerische oder sportliche Erziehung, nun von pädagogischem Fachpersonal unterstützt wird. Du bastelst nicht gern? Wie gut, dass die Kita ein unendlicher Quell an kreativen Betätigungen ist!
- Gönn dir etwas! Die Zeit, in der dein Kind außer Haus betreut wird, musst du nicht komplett dazu nutzen, deine To-do-Listen abzuarbeiten, Du DARFST diese Zeit, wann immer möglich, auch als Zeit für dich und deine Selbstfürsorge nutzen. Dein Wochenplan (→ „Das Familienboard“) hilft dir dabei!

Dein Dorf
Ist dein Papier-Dorf durch dieses Kapitel gewachsen? Vielleicht hat ein Babysitter ein kleines Häuschen bekommen? Oder eine Tagesmutter? Schnapp dir gerne immer wieder deine Buntstifte und deine Post-its und ergänze!

Zusammen ist man weniger allein(-erziehend)

Wenn du alleinerziehend bist, stehst du vor einer besonderen Herausforderung: Du hast keinen Partner an deiner Seite, der dich im Alltag unterstützen kann und die Verantwortung für das Kind oder die Kinder mit dir teilt. Die gute Nachricht ist aber: Einen Teil der Last kann auch hier dein Dorf übernehmen. Für dich ist es vielleicht noch ein Stückchen wichtiger, ein stabiles und tragfähiges Netz an helfenden Händen um dich herum zu knüpfen. Je mehr Personen einspringen können, desto flexibler bist du. Aber achte vor allem darauf, dass die, die dir helfen, zuverlässig erreichbar und verfügbar sind.

ALLEINERZIEHEN IST „FRAUENSACHE"

Die Zahl Alleinerziehender hat lange stark zugenommen und sich in den letzten Jahren auf einem nahezu gleichbleibenden Stand eingependelt. In Deutschland ist jede fünfte Familie eine Alleinerziehenden-Familie, in 90 % davon ist es die Mutter, die die Kinder allein aufzieht. In Österreich ist jede achte Frau alleinerziehend und etwa einer von hundert Vätern. Jede sechste Familie in der Schweiz ist eine Ein-Eltern-Familie.

Warum Alleinerziehend-Sein so anstrengend ist

Vier große Felder sind es, die Alleinerziehenden in Summe viel ihrer Kraft rauben:

- Die alleinige Verantwortung für ein Kind oder mehrere
- Der erhöhte Zeit- und Organisationsaufwand, Care- und Lohnarbeit unter einen Hut zu bekommen
- Die speziellen Zusatzaufgaben (Sorgerechtsregelungen, Besuchsregelungen, Unterhaltsvereinbarungen usw.)
- Die strukturelle Diskriminierung und Benachteiligung von Ein-Eltern-Familien

Mit all diesen Ängsten und Sorgen bist du als Alleinerziehende im schlimmsten Fall ganz allein: Du bist verantwortlich für die finanzielle Absicherung, die Betreuung und das psychische und physische Wohlergehen der Kinder. Was ist, wenn eines der Kinder Probleme hat? Du musst das allein auf die Reihe bekommen, allein nach Lösungen suchen, allein trösten und so weiter. Was, wenn eines der Kinder ernsthaft krank wird? Oder du? Wie sollst du das organisieren? Und mit wem kannst du über deine Sorgen sprechen? Verantwortung wiegt schwer und betrifft oft auch Sachverhalte, die erst in der Zukunft relevant sind oder vielleicht gar nicht eintreten. Du musst sie aber mitdenken und dich darauf vorbereiten.

Als Alleinerziehende musst du in der Regel außerdem für das Familieneinkommen sorgen UND die Care-Arbeit schultern, obwohl dein Tag auch nur 24 Stunden hat. Alleinerziehende arbeiten deshalb 1,5-mal mehr in Vollzeit als andere Mütter, erwirtschaften dabei aber weniger! Zugleich sind immer mehr von ihnen arbeitslos. Denn der Arbeitsmarkt empfängt alleinerziehende Frauen nicht mit offenen Armen – und das ist noch milde ausgedrückt. Die Vereinbarkeit von Job und Kinderbetreuung hat für Alleinerziehende eine ganz andere Dimension.

FINANZIELLE SORGEN UND ARMUTSRISIKO

Alleinerziehende Frauen haben mit Abstand das größte Armutsrisiko in unserer Gesellschaft. In Deutschland war es 2016 mit 32,5 % etwa doppelt so hoch wie im Bevölkerungsdurchschnitt, in Österreich waren es 2011 24 % im Vergleich zu durchschnittlich 13 %. Von den Alleinerziehenden, die in der Schweiz leben, ist jede und jeder sechste von Armut betroffen.

Zum einen liegt das daran, dass nur eine Vollzeittätigkeit zuverlässig vor Armut schützt, diese aber als Alleinerziehende mit (kleinen) Kindern schwer zu leisten ist. Weitere Gründe sind fehlende Unterhaltszahlungen der Väter und die Tatsache, dass Alleinerziehende oftmals durch das Raster staatlicher Hilfen fallen: Eine Leistung schließt oft eine andere aus, kommt an einer Ecke Geld rein, fällt es an anderer Stelle weg – und die Antragsprozeduren sind oft zeitaufwendig und kompliziert, sodass Leistungen teilweise gar nicht abgerufen werden.

Zu einer Doppelbelastung kommen also auch noch ein niedriges Einkommen und oft größere finanzielle Sorgen. Kein Wunder, dass alleinerziehende Frauen doppelt so häufig angeben, sich psychisch belastet zu fühlen als Mütter in Partnerschaften, und daher besonders Burn-out-gefährdet sind.

Emotional ebenso herausfordernd ist in vielen Fällen leider auch der Umgang mit dem Vater der Kinder. Zu Beginn muss die Sorgerechtsfrage geklärt werden, immer wieder müsst ihr euch auf Besuchsregeln einigen und eure Kalender koordinieren. Das ist eine Mammutaufgabe, selbst wenn ihr euch gut versteht und an einem Strang zieht. Aber häufig sind sich Mütter und Väter diesbezüglich eben nicht einig oder die Umstände erschweren eine Regelung, mit denen sich alle Familienmitglieder wohlfühlen. Obendrauf kommt dann in vielen Fällen auch noch Streit über den Unterhalt. Das ist ein weites Feld, mit dem sich ausschließlich Alleinerziehende herumschlagen müssen.

Was vielen alleinerziehenden Müttern aber ebenso oder vielleicht sogar noch mehr zu schaffen macht, ist die Stigmatisierung, der sie sich ausgesetzt fühlen. Noch immer werden Frauen dafür verurteilt, dass sie allein sind, sie werden kritisch beäugt, ob sie der Lage auch gewachsen sind – und gleichzeitig wegen der Folgen ihrer strukturellen Diskriminierung, nämlich ihrer finanziell angespannten Lage, ausgeschlossen. Viele alleinerziehende Frauen versuchen deshalb, unsichtbar zu sein und „sich zusammenzureißen", bis sie nicht mehr können. Sie bitten nicht um Hilfe.

An dieser Stelle bitten wir dich: **Tu es! Bitte um Hilfe!** Du hast alles Recht der Welt, genauso wie alle Mütter auf diesem Planeten, Hilfe zu bekommen. Deine Situation ist nicht deine Schuld! Egal welche Gründe dahinter stehen, dass du alleinerziehend bist. Du verdienst Hilfe, wie jede andere Frau auch. Und du brauchst sie. Deshalb haben wir die Situation von Alleinerziehenden in aller Deutlichkeit dargestellt: Damit du schwarz auf weiß siehst, was du alles leistest und dass du Entlastung brauchst.

Ein soziales Netz für Alleinerziehende

Die bisherigen Tipps aus diesem Buch gelten natürlich (mit Ausnahme einzelner Punkte aus dem Partnerkapitel) auch für dich: Familie, Freunde und Freundinnen und andere Eltern kannst du genauso in dein Dorf integrieren wie andere auch. Wir haben aber noch ein paar besondere Tipps und Vorschläge, die genau auf deine Situation zugeschnitten sind:

Verlässliche Menschen an deiner Seite

Suche dir einige wenige verlässliche Helfer und Helferinnen, die dich nicht nur im Alltag unterstützen, sondern auch einen Teil der Verantwortung mit dir tragen. Die Oma oder die beste Freundin zum Beispiel. Sie ersetzen keinen Partner, und das sollen sie auch nicht, aber sie können gerade in schwierigen Situationen an deiner Seite (und der deines Kindes oder deiner Kinder) stehen. Denn auch du musst dich austauschen können über Erziehungsfragen, deinen Gemütszustand und so weiter. Bitte eine Vertrauensperson, für dich der Mensch zu sein, mit dem du nicht nur die Höhen genießen, sondern auch die Tiefen durchschreiten kannst. Vielleicht gibt es diesen Menschen bereits in deinem Leben – dann lass es sie oder ihn wissen. Mach klar, wie viel dir diese Beziehung bedeutet und welch große Hilfe sie oder er in deinem Leben ist. Diese Person kann auch dein Notfallkontakt sein (→ „Im Notfall“).

Den Vater in die Pflicht nehmen

Je nachdem, wie eure Situation ist, wie ihr auseinandergegangen seid und ob der Vater deines Kindes oder deiner Kinder noch verfügbar ist: Binde ihn ein. Getrennt erziehend ist nicht alleinerziehend, bringt aber natürlich, das wollen wir nicht verschweigen, andere Herausforderungen mit sich. Wenn der Vater sich einbringen möchte und du das emotional tragen kannst, versucht es zumindest. Wenn es keine einvernehmliche Regelung unter euch gibt, dann gehe eine Instanz höher. In diesem Fall kümmert sich die Kinder- und Jugendhilfe (Österreich), das Jugendamt (Deutschland) oder das kantonale Jugendamt (Schweiz) um alle Belange getrennt lebender Eltern und hilft dir unter anderem auch bei der Geltendmachung von Unterhaltsansprüchen.

DAS WOHL DES KINDES IM BLICK – GUT KOMMUNIZIEREN IN TRENNUNGSFAMILIEN

Wenn der Umgang mit dem Ex-Partner/Vater des Kindes schwierig, aber weiterhin gewünscht ist, helfen dir folgende Tipps, brenzlige Situationen zu entschärfen:

Habt das Wohl eures Kindes beziehungsweise eurer Kinder im Blick.
Wenn du wütend wirst, denk daran, dass es vor allem um die Kinder geht. Deren Glück und Wohl ist dein und im besten Fall auch euer gemeinsames Ziel. Auch wenn man Wut nicht immer unterdrücken soll (→ „Deine Wut"), hilft dir dieser Gedanke hier vielleicht, sie etwas in die Schranken zu weisen. Sich immer wieder auf die Kinder zu fokussieren, erleichtert einen sachlicheren Umgangston.

Versucht, eigene Unversöhnlichkeiten und Belange aus der Diskussion herauszuhalten.
Das heißt nicht, dass eure Baustellen und Bedürfnisse keine Rolle spielen sollen. Aber haltet sie möglichst aus den Diskussionen heraus, in denen es um die Kinder geht. Findet andere Orte, Zeiten und Gelegenheiten, um aufzuarbeiten, was bei euch im Argen liegt – wenn ihr das denn wollt.

Definiert Regeln und haltet euch daran.
Wie auch in einer bestehenden Partnerschaft geht nichts ohne Regeln, ohne eure Familienregeln: Was ist essenziell wichtig? Woran sollen sich alle Beteiligten halten? Was ist – einmal ausgehandelt – nicht mehr verhandelbar? Eure eigenen „Grundgesetze" sind wichtig, damit nicht in jedem Konflikt alles neu ausgehandelt werden muss und damit diese Konflikte gar nicht erst entstehen.

Achtung: Wenn sich die Umstände ändern, dürfen sich auch eure Regeln ändern. Nichts ist in Stein gemeißelt. Aber vermeidet zu häufige Neuerungen und Änderungen. Vor allem aber: Haltet euch an die vereinbarten Punkte.

Sprecht vor den Kindern nicht schlecht übereinander.
Böse Worte fallen vor, während und nach Trennungen. Das ist nicht schön, aber es ist menschlich. Abgesehen davon, dass es immer ratsam ist, sich um einen angemessenen Umgangston zu bemühen, gilt eine Regel ganz besonders: Macht euch nicht gegenseitig vor den Kindern schlecht. Diese geraten sonst womöglich in einen Loyalitätskonflikt, der die Beziehung zu Mutter und Vater belastet.

Übernehmt Verantwortung.
Nicht die Kinder sind dafür verantwortlich, dass die Rahmenbedingungen stimmen, dass der Umgangston ein freundlicher ist, dass sie Gelegenheiten für den Aufbau und die Pflege einer gesunden Beziehung zu beiden Elternteilen haben – sondern ihr. Erklärt ihnen altersgerecht, warum welche Regelung getroffen wurde. Aber bürdet ihnen nicht die Last auf, sich selbst darum kümmern zu müssen.

Gleichgesinnte suchen
Dein Elternnetzwerk sieht wahrscheinlich etwas anders aus, als das der klassischen Familien – und das ist gut so. Wenn du andere Alleinerziehende kennenlernst, vernetzt euch. Ihr könnt euch gegenseitig unterstützen und vor allem habt ihr Verständnis füreinander, mit ähnlichen Problemen zu kämpfen und ähnliche Hürden zu meistern. Verbringt zum Beispiel die Wochenenden miteinander, macht Ausflüge zusammen, teilt euch die Anwesenheit beim Elternabend auf oder kocht auch mal zusammen. Eure Zeitpläne sind untereinander vermutlich kompatibler als mit denen „klassischer“ Familien.

Es gibt regionale Plattformen, die dich bei der Vernetzung unterstützen und auch entsprechende Angebote haben: Spezielle Spieltreffs oder auch Termine mit Kinderbetreuung, bei denen du dich in Ruhe mit anderen Alleinerziehenden austauschen kannst, aber auch gemeinsame Ausflüge oder Urlaube.

Auch im Internet gibt es immer mehr Anlaufstellen für Alleinerziehende, Facebook-Gruppen, Instagram-Accounts, Apps, Blogs und Hilfeseiten – oft von Verbänden oder Vereinen, die sich professionell organisiert haben. Trau dich, sichtbar zu werden und auf andere Frauen in der gleichen Situation zuzugehen. Sie haben häufig die besten Tipps.

Alternative Wohnmodelle

Es gab schon immer Ein-Eltern-Familien, wenn auch die Ursachen andere waren (eher verwitwet als getrennt/geschieden). Doch im historischen Vergleich zeigt sich ein Unterschied, der für dich besonders relevant ist: Früher waren Frauen in dieser Situation in andere Lebensformen eingebettet, zum Beispiel in eine große Haushaltsfamilie. Großeltern, Tanten und so weiter lebten mit im Haushalt und de facto mussten die Frauen ihre Kinder eben nicht „allein erziehen". Auch du kannst dir diese Wohnsituation schaffen: Denke für dich darüber nach, ob alternative Wohnmodelle eine Lösung wären.

Vielleicht harmoniert ihr mit den Großeltern wunderbar und ihr könnt gemeinsam wohnen, oder aber du gründest eine WG – zum Beispiel mit anderen Alleinerziehenden. Eine Möglichkeit, für sich zu wohnen, und dennoch in eine große Gemeinschaft eingebettet zu sein, sind generationenübergreifende Wohnprojekte, in der jeder Haushalt seine eigene Wohnung hat, aber alle zusammen eine Art Dorfgemeinschaft bilden. Hier wird erwartet, dass man sich ins Gemeinschaftsleben einbringt, man erfährt aber auch im Alltag Hilfe durch die anderen Mitglieder. Die Angebote sind noch nicht so zahlreich, wie es wünschenswert wäre, aber je mehr sich an derartige Projekte heranwagen, desto selbstverständlicher werden sie.

Angebote nutzen

Ein kleiner Vorteil als Alleinerziehende ist, dass du zum Beispiel auf Kita-Plätze oder geförderten Wohnraum Vorrecht hast. Nutze das! Schäme dich nicht, sondern nimm die Möglichkeiten wahr, die sich dir bieten. Das ist eine zeitliche und finanzielle Entlastung, die dir zusteht.

Lass dich beraten

Alleinerziehende suchen statistisch gesehen häufiger und früher Beratungsstellen auf. Das ist gut so! Im Kapitel → „Wer hilft mir, wenn ich selbst nicht mehr helfen kann“ findest du mögliche Beratungsstellen, für Alleinerziehende gibt es oft zusätzliche Angebote. Nutze auch das. Einzelkämpferin zu sein ist nicht erstrebenswert.

Im Notfall

Gerade in der Corona-Pandemie standen und stehen Alleinerziehende oft vor einem großen Problem: Was, wenn sie selbst oder ein Kind ernsthaft erkranken (oder in Quarantäne müssen)? Wie soll man gleichzeitig ein Kind im Krankenhaus betreuen und das/die andere(n) zu Hause? Was, wenn man selbst flachliegt und sich gar nicht mehr kümmern kann? Diese Fragen sind auch außerhalb einer Pandemie immer aktuell.

Bereite dich auf Notfälle möglichst gut vor, dann kannst du dich im Ernstfall auf dich und dein(e) Kind(er) konzentrieren.

- Verteile Zweitschlüssel für eure Wohnung/euer Haus.
- Bringe den größeren Kindern bei, wie man den Rettungswagen oder die Feuerwehr ruft: Wie ist die richtige Nummer? Was muss man sagen? Wie ist eure Adresse?
- Bereite eine Notfallmappe mit Versicherungen, Verfügungen, Testament, Passwörtern, Kontodaten usw. vor. Dein Notfallkontakt sollte wissen, wo diese Mappe zu finden ist.
- Kläre vorab, wer die Betreuung der Kinder übernimmt, wenn du ausfällst. Die Person sollte sehr zuverlässig sein, flexibel und vor allem eine gute Beziehung zu den Kindern haben.

- Hast du noch keine solche Person, dann informiere dich hinsichtlich professioneller Alternativen, wie die Notfallmamas (→ „Wer hilft mir, wenn ich mir selbst nicht mehr helfen kann“).
- Bewahre eine Notfallkontaktkarte im Geldbeutel auf und informiere auch wichtige Organisationen wie Kindergarten, Schule usw. darüber. (In Absprache mit der Kontaktperson!)
- Schreibe einen **Notfallplan** – allein, zusammen mit der Notfallbetreuung oder auch mit den (älteren) Kindern. Er sollte mindestens folgende Punkte enthalten:
  - Betreuungszeiten der Kinder und Regeln diesbezüglich
  - Ernährungshinweise (Unverträglichkeiten) etc.
  - Medikamente, die zuverlässig genommen werden müssen
  - Vollmachten (z. B. zum Abholen der Kinder)
  - Psychische Besonderheiten, Ängste, Phobien
  - Regelmäßige Behandlungen (Ergo-, Logo-, Physiotherapie u. a.)
  - Bestimmte Rituale, die deinen Kindern wichtig sind
  - Notfallkontaktkarte (Download unter www.mamafuersorge.com)

NOTFALL-KARTE

Ich habe ein minderjähriges Kind/mehrere minderjährige Kinder namens:

Im Notfall bitte die Person auf der Rückseite kontaktieren!

Es ist nicht schön, sich über eine solche Lage Gedanken machen zu müssen – aber tu es lieber im Vorfeld als erst dann, wenn es akut wird.

Wir haben Jara Arfi, alleinerziehende Mutter und Host des rbb-Instagram-Formats „onemomshow_offiziell", nach ihren größten Herausforderungen gefragt. Aber vor allem nach ihren Tipps für andere Alleinerziehende.

EIN NETZWERK IST GOLD WERT

Interview mit Moderatorin Jara Arfi

Jara, was würdest du als deine größten „Probleme", deine größten Herausforderungen beschreiben, mit denen du konfrontiert warst, als dich der Vater deines Sohnes vier Wochen vor dessen Geburt verlassen hat?

Neben all den praktischen Problemen und natürlich den vielen Gefühlen, die das in mir ausgelöst hat, habe ich mich am Anfang vor allem allein gefühlt, ausgeschlossen. Als wäre ich als Einzige in dieser Situation, was natürlich Unsinn ist. Wie viele andere hatte ich mich aber nie damit auseinandergesetzt, was es heißt, alleinerziehend zu sein, bis es mich selbst getroffen hat. Eigentlich unglaublich: Jede oder jeden von uns kann es treffen und bei den hohen Scheidungsraten ist das gar nicht so unwahrscheinlich. Zusätzlich habe ich mich von vielen Angeboten für Alleinerziehende nicht angesprochen gefühlt, weil sie sich vorwiegend an finanziell schlechter gestellte Mütter richten. Es ist gut und wichtig, dass das aufgefangen wird. Aber auch wenn ich in dieser Hinsicht privilegiert bin, war ich oft genauso überfordert und erschöpft, konnte aber viele Angebote nicht wahrnehmen. Mittlerweile habe ich die Anfangsschwierigkeiten überwunden und mithilfe eines guten Netzwerks meinen Weg gefunden. Was mich trotzdem immer noch umtreibt, sind die vielen Ungerechtigkeiten, mit denen wir Alleinerziehende konfrontiert sind, zum Beispiel steuerlich, und wie wenig wir gesellschaftlich und politisch stattfinden beziehungsweise anerkannt werden.

Als Host von „onemomshow_offiziell“ und auch auf deinem privaten Instagram-Account kämpfst du für die Sichtbarkeit von Alleinerziehenden und gibst viele Tipps. Welche würdest du den Leserinnen dieses Buches mitgeben wollen?

Erstens: Knüpfe dir dein eigenes, maßgeschneidertes Netzwerk. Das ist das Wichtigste. Du brauchst Menschen um dich herum, mit denen du auf einer Wellenlänge bist, denen du vertraust und die dich unterstützen. Dafür ist es nötig, dass du deine Bedürfnisse kennst und vor allem, dass du selbst aktiv wirst und auf andere zugehst. Gerade, wenn du eher introvertiert bist, ist das gar nicht so einfach. Aber es lohnt sich. Wenn du frisch alleinerziehend bist, kann es sein, dass du dein ganzes Umfeld „entrümpeln“ und neu aufstellen musst. Es ist wichtig, dass du Personen an deiner Seite hast, die verlässlich sind, einspringen, wenn es wirklich brennt, und auch im Alltag unterstützen. Ein großes Netzwerk ist Gold wert, aber gerade die engen Bezugspersonen sind es auch, die für dein Kind besonders wichtig werden.

Zweitens: Bitte aktiv um Hilfe
Das ist auch etwas, was vielen von uns nicht leicht fällt. Wir wollen stark sein und wirken und alles im Griff haben. Aber eine gute Mama macht meiner Meinung nach auch aus, rechtzeitig um Hilfe zu bitten und sich nicht bis zur Erschöpfung zu verausgaben. Ich hatte kurz nach der Trennung wahnsinnig viele Hilfsangebote, konnte mich kaum davor retten – aber irgendwann blieben sie aus. Mein Umfeld hatte das Gefühl, dass ich das ganz gut allein schaffe. Aber das war und ist nicht immer so. Dann muss man das ansprechen und um Unterstützung bitten, auch wenn es schwerfällt. Spoiler: Es wird mit der Zeit leichter.

Drittens: Vergiss dich selbst nicht
Als Alleinerziehende müssen wir besonders auf uns und unsere (mentale) Gesundheit aufpassen. Wir haben im Alltag oft niemanden an der Seite, der sieht, wenn es gar nicht mehr geht. Wir müssen die Warnzeichen

selbst erkennen oder besser noch dafür sorgen, dass es nicht zu einer krassen Überlastung kommt. Auch im Sinne unserer Kinder, die auf uns angewiesen sind, müssen wir uns Auszeiten nehmen, um unsere Akkus aufzuladen. Ich habe mir dafür eine Art „Lebensplan" aufgeschrieben, in dem ich für verschiedene Kategorien (Gesundheit, Finanzen, Sozialleben usw.) notiert habe, was ich dort brauche, um mich wohlzufühlen. Bei mir sind das zum Beispiel gutes Essen, ein Notgroschen auf dem Konto und die Zeit, jeden Monat ein Buch zu lesen. Von diesen Bedürfnissen ausgehend habe ich überlegt, was ich brauche, um sie zu erfüllen und wie ich das im Alltag umsetzen kann. Deshalb gibt es bei mir regelmäßige „Mama-Essen-Tage", weil ich eben unglücklich werde, wenn ich mich dauerhaft nur von Fischstäbchen, Nudeln mit Tomatensoße und Pfannkuchen ernähre.

Viertens: Vernetze dich mit anderen Alleinerziehenden

Über meinen Instagram-Kanal habe ich viele andere Alleinerziehende vor Ort kennengelernt, mit denen ich mich regelmäßig austauschen kann. Sie verstehen einfach am besten, was mich umtreibt, kennen den Zustand zwischen Überforderung und Langeweile genauso wie ich. Denn oft tut es einfach schon gut, sich mit anderen Erwachsenen auszutauschen, wenn man gerade im Winter oder an verregneten Wochenenden sonst nur mit dem eigenen Kind beziehungsweise den eigenen Kindern sprechen kann. Und du siehst dann: Du bist wirklich nicht allein. Viele andere Frauen (und einige Männer) sind in der gleichen Situation wie du. Ihr könnt euch auch gegenseitig unterstützen, euch zum Beispiel an den Nachmittagen mit der Kinderbetreuung abwechseln. Mein Sohn und ich hatten jetzt sogar das Glück, einige Zeit mit einer alleinerziehenden Freundin und deren Sohn in einer WG leben zu können. Das war wirklich eine tolle Zeit. Wenn du dir das vorstellen kannst, kann ich es nur empfehlen.

Fünftens: Habe kein schlechtes Gewissen

Oft genug haben wir als Alleinerziehende Nachteile. Die Vorteile, die sich uns bieten, sollten wir nutzen – ohne schlechtes Gefühl. Für mich war es beispielsweise die Rettung, dass ich während der Lockdowns Anspruch auf einen Platz in der Notbetreuung hatte. Und generell nutze ich die Kita-Betreuungszeiten gerne und mit einem guten Gefühl. Ich lasse meinen Sohn auch mal eine Stunde länger in der Kita, um etwas Zeit für mich zu haben. Denn die kommt immer viel zu kurz. Klar, immer wieder kommen da auch doofe Kommentare – aber ich weiß, was mir und meinem Sohn guttut und dass wir mit unserer Lösung sehr glücklich sind. Ein schlechtes Gewissen ist da unangebracht.

Einen kleinen Tipp mit großer Wirkung habe ich noch zum Schluss: Plane deine Wochenenden gut und auch länger im Voraus, wenn es dir möglich ist, inklusive Ruhepausen für euch gemeinsam, aber auch Auszeiten für dich. Wenn ich das mache, dann finde ich deutlich mehr Erholung an den Wochenenden.

Alleinerziehend glücklich sein

„Bei all den Schwierigkeiten, die das Alleinerziehen mit sich bringt, war ich auch einfach froh, nicht mehr streiten zu müssen. Das hat mir so viel Kraft geraubt, die ich jetzt für meinen Sohn habe."

Anna-Maria, Mutter eines Sohnes (4)

Bei all diesen schweren Themen darfst du nie vergessen, dass man auch alleinerziehend und als Ein-Eltern-Familie glücklich sein kann. Trau dir das zu! Deinem Kind beziehungsweise deinen Kindern und dir ist nicht geholfen, wenn du einem klassischen Familienmodell hinterherhängst, das für euch aus welchen Gründen auch immer nicht funktioniert hat. Verabschiede dich vielleicht, zumindest vorübergehend, von dieser Idee, deinen Erwartungen und deinen Vorstellungen. Über das Ende einer Beziehung oder den Verlust eines Partners zu trauern, ist legitim. Nimm dir die Zeit und die Hilfe, die du brauchst, um zu verarbeiten, was war, und anzunehmen, was nun ist. Irgendwann wirst du im Hier und Jetzt ankommen, deine Situation akzeptieren und sie vielleicht auch lieben lernen. Es ist nicht die Mehrheit, aber immer mehr Frauen wählen bewusst den Weg, ihr Kind allein großzuziehen. Denn man kann dem durchaus auch etwas Positives abgewinnen, so man sich darauf einlässt: Wenn du die Verantwortung allein trägst, musst du dich auch mit niemandem abstimmen, was Familienmanagement, Haushaltsführung und Kindererziehung angeht. Punkte, über die Paare sich gerne mal richtig fetzen – das bleibt dir im besten Fall jetzt erspart. Und ganz pragmatisch gesprochen: Eine Person weniger im Haushalt ist gleich weniger Wäsche, weniger Geschirr, weniger Unordnung. Je mehr Hilfe und Unterstützung du hast, desto leichter wird es dir vermutlich fallen, auch die schönen Seiten zu sehen und dich auf das Abenteuer „Ein-Eltern-Familie" einzulassen. Und wer weiß, was kommt!

Dein Papier-Dorf

Nimm dir nun bitte noch einmal dein Papier-Dorf zur Hand. Ist es gewachsen? Konntest du mithilfe der Tipps der letzten Seiten einige neue Häuser aufzeichnen, ein paar Post-its vom Dorfrand entfernen und jemandem zuordnen? Tragen nun mehr Schultern als vorher die Last der Verantwortung? Kleben mehr Post-its beim Papa? Oder bei Oma? Ist die nette Mama aus der Krabbelgruppe jetzt Teil deines Dorfes? Wenn ja, und das hoffen wir sehr, dann geht es dir vielleicht schon etwas besser. Du bist aktiv geworden und hast nun einen Plan vor dir liegen, wie künftig mehr Zeit für dich in all dem Trubel sein kann und wird. Wir hoffen, dass die Werkzeugkiste und unsere Formulierungshilfen dir dabei helfen werden, diesen Plan in die Tat umzusetzen.

Allerdings möchten wir auch die Möglichkeit nicht außer Acht lassen, dass unsere Tipps und dieser nun entstandene Plan etwas zu spät kommen oder nicht weit genug greifen, um dir wieder auf die Beine zu helfen. Lies weiter, welche Hilfe es braucht, wenn Selbsthilfe nicht mehr reicht.

DAS IST ALLES ZU VIEL

„Ich kann nicht mehr!“, bricht es aus dir heraus und alles bisher Gelesene kann daran nichts oder nur wenig ändern. Wenn Selbsthilfe nicht mehr möglich ist, ist die Zeit für professionelle Hilfe gekommen. Und davon gibt es viel! Manchmal so viel, dass man sich im Dschungel der Unterstützungsangebote verirrt. Wir haben dir ein ganzes Kapitel zur Orientierung mitgebracht.

„Die Gedanken haben einfach nicht aufgehört. Ich hab mich in ihnen verirrt und nicht mehr herausgefunden. Dafür war ich zu müde. Viel zu müde. Da war keine Kraft mehr. Ich war nicht mehr. Ich glaube, an manchen Tagen saß ich einfach leer da und fühlte nichts. Außer panische Angst, wenn ich das Baby weinen hörte und dachte, ich müsse mich kümmern. Das konnte ich einfach nicht. Als ich den Wunsch äußerte, nicht mehr sein zu müssen, nicht mehr kämpfen zu müssen, holte mein Mann Hilfe. Für mich, für sich, für unsere Familie.“

Melanie, Mutter einer Tochter (2)

Wir haben dir auf den vorangegangenen Seiten schon viele Gründe vorgestellt, warum Elternschaft schwierig und herausfordernd ist. Der Start in die Mutterschaft stellt eine der einschneidendsten Lebenserfahrungen dar und durch kaum ein anderes Ereignis wird das Leben einer Frau so sehr auf den Kopf gestellt. Davon betroffen sind nahezu alle Lebensbereiche. Der Körper stand während der Schwangerschaft und der Geburt unter enormen Stress und auch die Hormonumstellung danach ist kein Picknick an einem lauen Sommerabend. Im Gegenteil. Deine Psyche muss sich mit der neuen

Lebenssituation erst arrangieren, eine Anpassungsleistung, die unerwartet raum- und zeitgreifend ist. Die Verantwortung für ein kleines Lebewesen lastet schwer auf den Schultern verantwortungsbewusster Menschen. Persönliche Freiheiten werden, zumindest für eine gewisse Zeit, stark eingeschränkt, und wer vorher im Job top war und dort viel Anerkennung und Wertschätzung erfahren hat, muss jetzt erst mal lernen, ohne diese auszukommen. Die Herausforderungen ändern sich über die Jahre, persönliche Freiräume werden wieder mehr, dafür aber auch die Anforderungen an dich als Frau, Mutter, Arbeitnehmerin, Partnerin, Freundin, Tochter oder Schwiegertochter. Das Leben verlangt immer wieder von dir, dass du dich anpasst und die Hürden meisterst, die es dir stellt.

So auch die Last eines überhöhten Ideals, welches von der Gesellschaft weiter befeuert wird. Eine systemimmanente Mehrfachbelastung, bestehend aus Beruf, Familie, Pflege kleiner Kinder und älterer Angehöriger. Eine kindorientierte Erziehung, die viel Aufmerksamkeit, Wissen und Zugewandtheit fordert sowie der daraus resultierende Generationenkonflikt. Das und vieles mehr lastet auf deinem Rücken.

Wenn wir uns deine Psyche als Fass vorstellen, das ja sprichwörtlich gerne mal überläuft, dann sind diese Belastungen Steine, die viel Raum in deinem Fass einnehmen und dadurch sein Volumen schmälern. Je mehr Steine, umso weniger Platz für die täglichen Sorgen, die in dein Fass hinein tröpfeln. Wir nennen diese Steine Stressfaktoren. Der soziale Druck, der Mythos der Supermutter, die gleichzeitig zu Hause und im Beruf glänzt, die heutige Rollenverwirrung und -vielfalt sowie eine globale und flexible Arbeitswelt, die dem Bedürfnis nach Planbarkeit und Sicherheit entgegensteht, sind Beispiele für diese Stressfaktoren. Auch besondere Anforderungen, die dein Kind an dich stellt, zum Beispiel Hochsensibilität, Hyperaktivität, vermehrtes Schreien oder Regulationsstörungen verkleinern das Volumen deines Fasses.

Zusätzlich dazu gibt es noch deine ganz persönlichen Risikofaktoren, die meist in deiner Lebensgeschichte oder Persönlichkeit begründet liegen. Dazu zählen unter anderem ein ausgeprägter Perfektionismus, eine wenig unterstützende oder als belastend empfundene Partnerschaft, psychische Erkrankungen und Traumata in der Vorgeschichte und starkes PMS. Jeder einzelne Risikofaktor macht dich ein wenig verletzlicher, das heißt, er sorgt dafür, dass der Boden deines Fasses ein klein wenig weiter oben liegt und somit immer weniger Raum für die alltäglichen Belastungen bleibt. Bisher haben wir dir gezeigt, wie du den Pegel in deinem Fass immer wieder senken oder sogar niedrig halten kannst. Durch einen achtsamen und selbstfürsorglichen Umgang mit dir selbst, gelungene Kommunikation mit Partner, Familie & Co. und Entlastung durch eben jene, fließt immer wieder genug Wasser ab, um Platz für die sich wandelnden Herausforderungen der Mutterschaft zu schaffen. Aber all das kann manchmal nicht genug sein. Die Herausforderungen können dennoch zu viel sein, der Pegel kann zu schnell ansteigen, wenn viele Dinge zusammenkommen. Oder wir kommen zu spät. Der Punkt, an dem dir diese Tipps geholfen hätten, ist schon überschritten und ein „Ich kann nicht mehr“ ist alles, was noch aus dir hervorbricht. Spätestens wenn dieser Satz fällt, muss klar sein: Allein geht's nicht mehr.

Dass Mutterschaft in all ihren wunderschönen und sehr anstrengenden Facetten nicht spurlos an uns vorübergeht, ist nicht ungewöhnlich. Dass du dich hin und wieder sorgst, schlecht gelaunt bist, den Wunsch nach einer Auszeit hegst oder mal richtig wütend wirst, weil deine Grenzen schon wieder überschritten wurden – alles normal. Wichtig ist, dich gut zu kennen und auf dich zu achten, damit du den Unterschied zwischen Stimmungsschwankungen und den Frühwarnzeichen für eine ernsthafte Krise erkennst. Diese Frühwarnzeichen geben dir nämlich noch die Chance, rechtzeitig gegenzusteuern. Alles, was du dafür brauchst, hältst du in diesem Moment in deiner Hand.

Frühwarnsignale sind individuell, je nach Temperament. Die folgende Liste enthält eine Auswahl, die dir helfen soll, deine ganz persönlichen Zeichen zu entdecken.

PSYCHISCHE UND KÖRPERLICHE FRÜHWARNZEICHEN FÜR BELASTUNGEN

- Gereiztheit
- Schlafstörung*
- Gedankenkreisen
- Emotionale Empfindlichkeit
- Gefühl der Überforderung
- Unruhe
- Antriebslosigkeit
- Konzentrationsschwierigkeiten
- Veränderter Appetit
- Vernachlässigung der Hygiene
- Entscheidungsschwierigkeiten
- Ängstlichkeit
- weniger Lust auf Sex/sexuelle Unlust
- Energielosigkeit

* meint die Schwierigkeit ein- oder durchzuschlafen, auch wenn die Möglichkeit gegeben wäre, nicht vom Kind verursachte Schlafunterbrechungen.

Psychische Krisen

Für sich allein genommen sind diese Symptome Frühwarnsignale, die dir zeigen, dass etwas gerade nicht stimmt und es dir nicht gut geht. Psychische Erkrankungen entstehen in der Regel nicht über Nacht, überraschenderweise nicht mal traumabedingte Erkrankungen. Übergeht man die Warnsignale, die Psyche und Körper schicken, um auf ein Problem aufmerksam zu machen, wird das Signal immer lauter. Mehr noch: Es holt sich Unterstützung und rekrutiert weitere unangenehme Beschwerden für seine Mission.

Am Ende stehen psychische Erkrankungen wie (Wochenbett-)Depression, Burn-out, Angst und/oder Zwang.

(Wochenbett-)Depression

Knapp 15 % der Frauen erkranken im ersten Jahr nach der Geburt an einer postpartalen Depression (Wochenbettdepression). Neuen Untersuchungen zufolge lässt sich der Erkrankungszeitraum auf die ersten drei Jahre nach der Geburt ausweiten. Außerdem gehen Experten davon aus, dass die Dunkelziffer um einiges höher liegt, da die depressiven Verstimmungen von frischgebackenen Müttern oft als Hormonschwankungen (die womöglich ihren Teil dazu beitragen) abgetan werden und die Mütter sich ihrer Gedanken und Gefühle schämen und sie deshalb für sich behalten.

Die Zahlen für die wochenbettunabhängige Depression sehen nicht besser aus, hier sind es ca. 10 %. Warum wir dir diese Zahlen nennen? Damit du schwarz auf weiß siehst, dass psychische Erkrankungen wie Depressionen kein Einzelschicksal sind. Aber keine Sorge, das war's auch schon wieder mit Zahlen. Naja, fast. Eine gibt es noch: zwei Wochen. So lange sollte die Symptomatik durchgängig bestehen, bevor man von einer Depression spricht. Das ist wichtig, um die Depression von anderen Stimmungstiefs, wie dem PMS oder dem Baby Blues nach der Geburt, abzugrenzen.

Wie sieht die Symptomatik einer Depression aus?
Ist das mehr als „nur" traurig sein?

Viele Symptome hast du bereits unter den Frühwarnzeichen kennengelernt. Die gedrückte, depressive Stimmung wird von Antriebslosigkeit begleitet, die Luft ist raus und es ist keine Kraft mehr übrig. Egal wie viel du schläfst, es reicht nicht. Hinzu kommt eine ausgeprägte emotionale Labilität, das heißt, die Gefühle fahren Achterbahn. Neben Versagensängsten und intensiven Scham- oder Schuldgefühlen gegenüber deinem Kind und/oder Partner kann sich auch eine Unfähigkeit breitmachen, positive Gefühle gegenüber dem Kind zu entwickeln. Unbehandelt kann eine (Wochenbett-)Depression schwere Langzeitfolgen für Mutter und Kind haben. Wenn die Mutter nur noch funktioniert, kaum Emotionen zeigt, auch nicht im Gesichtsausdruck, und dem Kind kaum Aufmerksamkeit schenkt, kann sich das auf die Bindung und die (früh-)kindliche Entwicklung auswirken.

2 Fragen – 1 Antwort	Ja	Nein
Hast du dich in den vergangenen Monaten häufig niedergeschlagen, traurig, bedrückt oder hoffnungslos gefühlt?	○	○
Hattest du in den vergangenen Monaten deutlich weniger Lust und Freude an Dingen, die du sonst gerne tust?	○	○

Lautet deine Antwort beides Mal „Ja", dann raten wir dir zu einer professionellen Abklärung. Die richtigen Anlaufstellen findest du auf den kommenden Seiten. Achte darauf, dass diese Abklärung auch einen körperlichen Check beinhaltet, denn es gibt auch organische Ursachen, wie beispielsweise eine Schilddrüsenüber- oder -unterfunktion, die ähnliche Symptome verursachen.

Burn-out

Der Burn-out hat viele Symptome mit der Depression gemeinsam. Hauptsymptom ist jedoch ein Zustand tiefer emotionaler, körperlicher und geistiger Erschöpfung. Im Gegensatz zur Depression drehen sich die immer wiederkehrenden Gedanken und die Probleme aber um das Thema „Leistung“. Auf eine Phase mit großem Engagement im Kampf gegen den Dauerstress und die endlosen To-do-Listen folgt ein Abbau der Konzentrations- und Leistungsfähigkeit, während die Mütter an ihre Grenzen der Belastbarkeit gebracht werden. Gedankenkarussell und Hamsterrad stehen nicht still und fordern jeden Funken Energie. Vergesslichkeit, Reizbarkeit und erhöhte Ermüdbarkeit sind die Folge. Am Ende stehen körperliche Symptome wie Kopfschmerzen, Rückenschmerzen, Schlafstörungen und Appetitlosigkeit sowie ein Gefühl des Ausgebranntseins und der nicht regenerierbaren Erschöpfung. Der Akku ist leer und die Ladestation kaputt. Geschätzt trifft das Erschöpfungssyndrom inzwischen jede fünfte Mutter. Tendenz steigend.

2 Fragen – 1 Antwort	Ja	Nein
Fühlst du dich durch und durch erschöpft? Körperlich und emotional? Du hast nichts mehr zu geben, kannst dich nicht mehr aufraffen?	○	○
Es ist egal, was du tust: Du kannst dich einfach nicht mehr erholen? Du hast die Fähigkeit, deinen Akku wieder aufzuladen, verloren?	○	○

Zweimal „Ja“? Dann hat das Erschöpfungssyndrom dich möglicherweise schon in seinen Fängen und du brauchst Hilfe, um dich davon zu befreien. Wenn die Tipps aus diesem Buch nicht zu deiner Erholung beitragen können, oder du viel zu erschöpft bist, um irgendetwas davon umzusetzen, dann hol dir bitte Hilfe. Oder bitte eine vertraute Person darum, dies für dich zu tun, wenn du dich selbst nicht aufraffen kannst.

Weitere psychische Krisen

Es gibt noch zwei weitere seelische Phänomene, über die wir dich informieren wollen und für die du auseinanderhalten können solltest: Was ist unbedenklich und normal und wo ist ein zweiter Blick nötig?

Für viele Mütter gehören Ängste, Sorgen und Schlafstörungen zum Alltag. Und bis zu einem gewissen Grad ist das auch ganz normal, denn die Verantwortung für ein kleines Lebewesen wiegt schwer auf unseren Schultern. Für unser Leben und das unserer Kinder ist Angst eine durchaus sinnvolle Grundemotion, denn sie erhöht unsere Aufmerksamkeit und die zur Verfügung gestellte Energie, was uns hilft in Gefahrensituationen schnell zu reagieren. Ähnliches gilt für Sorgen. Auch sie erfüllen einen Zweck, denn durch sie sind wir vorsichtiger, besser vorbereitet und denken, bevor wir handeln. Nach einer Gefahrensituation oder einer kritischen Phase klingen normale Ängste und Sorgen wieder ab und die körperlichen Reaktionen werden wieder gedrosselt. Das merkst du gut daran, dass der Atem wieder gleichmäßiger geht, das Herz wieder langsamer klopft und der Tunnelblick sich wieder weitet.

Angst kann jedoch ungesund und krankheitswertig werden, wenn sie sehr häufig oder in unangemessenen Situationen auftritt oder zu lange anhält. Auch Sorgen, die immer größer werden, Grübelschleifen und Schlaflosigkeit nach sich ziehen, sind besorgniserregend.

2 Fragen – 1 Antwort	Ja	Nein
Leidest du sehr unter den Ängsten, deinen Sorgen?	○	○
Ist dein alltägliches Leben durch sie eingeschränkt, beispielsweise durch Vermeidung, Angst vor der Angst, häufige Arztbesuche oder Ähnliches?	○	○

Einmal „Ja“? Überlege, ob du selbst etwas tun kannst, um deine Ängste und Sorgen zu lindern. Blätter vielleicht nochmal zurück zum Werkzeugkasten, vielleicht findest du ein Gegenmittel, mit dem du deine Sorgen aktiv angehen kannst. Zum Beispiel das „Entkatastrophisieren“ aus dem Stressmanagement-Kapitel (➔ „Dein Stressmanagement“).

Hast du jedoch zweimal mit „Ja“ geantwortet, solltest du dich jemandem anvertrauen und dir Hilfe suchen. Ängste können im schlimmsten Fall zu Phobien oder generalisierten Angststörungen (d. h. die Angst verselbstständigt sich) heranwachsen und dein Leben und das deiner Familie massiv einschränken. Dabei können Ängste heute psychotherapeutisch wirklich gut behandelt werden. Bei leichteren bis mittelschweren Erkrankungsformen erweist sich auch die Naturheilkunde als hilfreich. Besonders zu erwähnen ist hierbei das Johanniskraut, für dessen Wirksamkeit gute Belege vorliegen.

Und dann wären da noch die **Schlafstörungen**. Da sich die Meinung hartnäckig hält, dass Mütter nun mal ohne viel Schlaf auskommen müssen und Mütter selbst gerne darüber Witze machen, werden Einschlaf- und Durchschlafschwierigkeiten oft nicht ernst genommen und abgetan. Dabei sind Schlafstörungen eines der wichtigsten Frühwarnzeichen für psychische Erkrankungen. Musst du schon länger ohne erholsamen Schlaf auskommen, dann bitten wir dich, dieses Problem ernsthaft unter die Lupe zu nehmen.

2 Fragen – 1 Antwort	Ja	Nein
Hält dich etwas anderes als dein Kind, zum Beispiel deine Gedanken, Sorgen, geistige und/oder körperliche Unruhe vom Einschlafen ab?	○	○
Ist der Schlaf unruhig, von Alpträumen durchzogen, keineswegs erholsam und das über einen längeren Zeitraum?	○	○

Hast du eine der beiden Fragen mit „Ja“ beantwortet, solltest du deine Schlafprobleme ernst nehmen, denn sie sind nicht (nur) auf deine Funktion als Mutter zurückzuführen. Möglicherweise können dir unsere Tipps aus dem Kapitel → „Dein gesunder Körper“ weiterhelfen. Da Schlaf ungemein wichtig ist, kannst du auch bereits ein „Ja“ zum Anlass nehmen, professionelle Hilfe in Anspruch zu nehmen. Hast du beide Fragen bejaht, raten wir dir in jedem Fall dazu. Wichtiger Hinweis: Sollte es im Zuge der Behandlung deiner Schlafschwierigkeiten zur Einnahme von Medikamenten kommen, sind Familienbett & Co. erst mal tabu. Denn durch Alkohol, Nikotin, Drogen und Schlafmittel wird das Familienbett für Babys und Kleinkinder zur Gefahr.

Wer hilft mir, wenn ich mir selbst nicht mehr helfen kann?

„Es hätte mir enorm geholfen zu wissen, welche Hilfsmöglichkeiten es gibt. Bereits in der Schwangerschaft. Das letzte Trimester war schon schwierig für mich, voller Ängste. Hätte ich in dieser Zeit Hilfe bekommen, wäre ich vielleicht nicht so schwer in die postpartale Depression gerutscht.“

Barbara, Mutter einer Tochter (2)

Wir dürfen uns ziemlich glücklich schätzen, in einem Land zu leben, in dem es eine Sozialversicherung, Zugang zu professionellen Unterstützungsangeboten sowie zu medizinischer Versorgung gibt. Blickt man über unsere Grenzen hinaus, ist das nicht selbstverständlich. Unserer Erfahrung nach ist es aber manchmal ein wenig schwierig, sich im Dschungel der Angebote zurechtzufinden und das Passende herauszusuchen. Das kann ganz schön herausfordernd sein, besonders wenn die Kräfte bereits schwinden und man sich kaum noch aufraffen kann, um Hilfe zu mobilisieren. Wir wünschten, es gäbe eine zentrale Vermittlungsstelle, an die man sich wenden kann, aber noch ist uns keine solche Anlaufstelle bekannt. Daher möchten wir dir hier eine Übersicht (ohne Anspruch auf Vollständigkeit) über Berufsgruppen geben, die dich in allen Belangen rund um die Mutterschaft unterstützen können. Damit es dir leichter fällt, die optimale Hilfe für dich und deine Familie zu finden.

Gesundheit

„Ich war so froh, als meine Hausärztin verständnisvoll nickte und mir erklärte, dass es vielen Frauen so ging wie mir und dass es Hilfe gibt."

Lena, Mutter eines Sohnes (1)

In vielen Fällen und besonders in ländlichen Regionen ist der niedergelassene **Allgemeinmediziner**/die niedergelassene **Allgemeinmedizinerin** die erste Anlaufstelle. Das ergibt insofern Sinn, dass es für Erschöpfung, psychische Verstimmungen und depressive Symptome auch eine organische/körperliche Ursache geben kann und diese Möglichkeit unbedingt abgeklärt werden sollte. Ein massiver Eisenmangel beispielsweise oder eine Schilddrüsenunterfunktion als Verursacher von Symptomen, die einer Wochenbettdepression ähneln, werden häufig übersehen. Auch ein Vitamin- und Mineralstoffmangel, Darmerkrankungen und Unverträglichkeiten können mit depressiven Symptomen einhergehen. Außerdem können Medikamente Depressionen und/oder Ängste als Nebenwirkungen haben. Hausärzte und Hausärztinnen sind zudem meist auch sehr gut über die regionalen Unterstützungsangebote informiert und vermitteln gezielt weiter. Bei Bedarf verweisen sie zum entsprechenden Facharzt/zur entsprechenden Fachärztin und verordnen körperliche oder medikamentöse Therapien. Stelle sicher, dass du für dich und deine Familien eine **Hausarztpraxis** sowie eine **Kinderarztpraxis** hast, in der du dich wohlfühlst. Auch im Umgang mit Ärzten und Ärztinnen gilt: Der beste Weg zu Hilfe ist eine offene, ehrliche und direkte

Kommunikation. Scheu dich bitte nicht, ganz genau zu erklären, wie es dir geht und einzufordern, was du brauchst.

WAS SOLL ICH DENN SAGEN?

Beschreibe, wie es dir geht. Sei ehrlich und erkläre, dass du leidest und worunter. Bitte spiele deine Belastungen nicht herunter. Du musst sie auch nicht übertreiben, aufmerksame Ärzte und Ärztinnen nehmen dich ernst, wenn du einfach authentisch und ehrlich schilderst, wie du dich fühlst und was gerade in deinem Leben los ist. Hab keine Angst, „abgestempelt" zu werden. Die Therapien werden immer in Zusammenarbeit mit dir und mit deiner Zustimmung eingeleitet.

Hast du Angst vor den ärztlichen Terminen oder Sorge, nicht gehört zu werden, dann nimm dir jemanden mit, dem du vertraust und den du im Vorfeld eingeweiht hast, um was es dir geht. Dein Partner oder gute Freundinnen bzw. Freunde begleiten dich sicher gerne.

Schwangerschaft

„Je größer mein Bauch wurde, umso mehr Menschen mischten sich in mein Leben ein. Als wäre mein Bauch eine Einladung, mir Vorschriften zu machen. Iss dies nicht, tu das nicht. Irgendwann raucht dir da der Kopf vor lauter Fragezeichen!"

Leonie, Mutter eines Sohnes (2)

Die Schwangerschaft ist der Beginn einer spannenden Reise und birgt das Potenzial für Sorgen und Unsicherheiten unterschiedlichster Art. Eine **Hebamme oder ein Geburtshelfer und ein Gynäkologe bzw. eine Gynäkologin** sind wichtige und wertvolle Begleiter auf deinem Weg. Ebenso kann eine **Schwangerschaftsberatung** eine geeignete Anlaufstelle für deine Fragen sein. Machst du dir Sorgen um die Bindung zum Ungeborenen, beispielsweise weil die Schwangerschaft ungeplant ist oder ihr eine Fehlgeburt vorausging, kann eine **vorgeburtliche Bindungsanalyse** bei einer dafür ausgebildeten, beratenden Person oder einer Psychotherapeutin oder einem Psychotherapeuten eine bereichernde Ergänzung zu deiner Geburtsvorbereitung sein. Apropos **Geburtsvorbereitung**: Eltern-Kind-Zentren, Hebammenpraxen und Familienberatungsstellen bieten in der Regel bereits in der Schwangerschaft tolle Kurse an, in denen du dich auf die Geburt vorbereiten, die Säuglingspflege erlernen oder dich mit anderen Schwangeren vernetzen kannst. Solltest du dich unsicher in Bezug auf die Zeit nach der Geburt fühlen, nutze diese Angebote gern, um dich entsprechend vorzubereiten. Noch nicht überall verbreitet, aber auf dem Vormarsch und die Angebotsvielfalt sehr bereichernd, ist die **Doula**. Eine Doula ist eine nichtmedizinische Geburtsbegleiterin, sie leistet emotionalen Beistand und stellt sicher, dass die Gebärende eine selbstbestimmte Geburt erleben kann. Besonders empfohlen ist der emotionale Beistand durch eine Doula bei Frauen ohne Begleitung aus dem sozialen Umfeld, Alleingebärenden/Alleinerziehenden oder nach traumatischen Geburtserfahrungen und bei Ängsten.

Geburt und Wochenbett

„Da es mein drittes Kind war, verzichtete ich auf eine Hebamme. Ich kannte mich ja aus und hatte bei den ersten beiden eine Hebammenbegleitung gehabt. Tja, was soll ich sagen! Jedes Kind ist anders und bringt seine eigenen Überraschungen mit. War ich froh, als meine Hebamme mich dann doch noch unterbringen konnte!“

Isabell, Mutter dreier Kinder (2, 4 und 7)

In Deutschland hat jede gesetzlich krankenversicherte Frau vor und nach der Geburt eines Kindes zwölf Wochen Anspruch auf die Unterstützung durch eine **Hebamme**, eine Leistung, zu der wir unbedingt raten. In Österreich sind es eine Beratungsstunde vor der Geburt (zwischen der 18. und 22. Schwangerschaftswoche) und sieben Hausbesuche nach der Geburt, die der Sozialversicherungsträger übernimmt. In der Schweiz werden 56 Tage (8 Wochen) Wochenbettbetreuung durch eine Hebamme von der Grundversicherung übernommen. Die Hebamme steht dir im Wochenbett beratend zur Seite und hilft bei allen Fragen rund um die Gesundheit von Mutter und Kind, meist inklusive Stillberatung. In der Regel ist sie selbst gut vernetzt und dient dir als erste Ansprechpartnerin für deine Sorgen oder Belastungen. Gleiches gilt für die **Gynäkologinnen und Gynäkologen**. Durch die vorgesehenen Nachsorgeuntersuchungen sind auch sie meist eine erste Anlaufstelle für körperliche oder psychische Probleme nach der Geburt und vermitteln gezielt weiter. Für besondere Herausforderungen in der ersten Zeit gibt es spezielle Unterstützungsangebote. Gehen die Belastungen vordergründig vom Baby aus (untröstlich weinendes Baby/Schreibaby, kindliche Ein- oder Durchschlafstörungen, Fütterungsstörungen, Muskelverspannungen u. v. m.) ist nach der Kinderarztpraxis möglicherweise eine **Schrei- oder Regulationsambulanz** ein guter Ansprechpartner. **Still- und Laktationsberaterinnen** helfen auf dem Weg zu einer entspannten Stillzeit. **Osteopathie sowie Craniosacral-Therapie** können nach der Geburt helfen, die Verspannungen im Säuglingskörper zu lösen.

Ein weiteres Unterstützungsangebot rund um Schwangerschaft, Geburt und Wochenbett bilden die **Frühen Hilfen**. Das Ziel der Frühen Hilfen ist, ein gesundes Aufwachsen des Kindes zu fördern, indem sie die ganze Familie in den Blick nehmen und versuchen, Belastungen (finanziell, psychisch, körperlich, sozial, gesundheitlich u. v. m.) frühzeitig zu reduzieren sowie die Ressourcen der Familien zu stärken.

„Meine Tochter kam zwei Monate zu früh. Zwei Monate, die wir fast durchgängig in der Klinik verbrachten. Ich hatte weder die Kraft noch die Zeit und die Nerven, mich um alles zu kümmern. Ich war so erleichtert, als die Familienbegleiterin gemeinsam mit meinem Mann alles organisierte, sodass wir nach Hause kommen konnten."

Nadine, Mutter einer Tochter (1)

Dabei kann eine Familienbegleitung bereits in der Schwangerschaft beginnen und bis zum dritten Lebensjahr des jüngsten Kindes in Anspruch genommen werden. Die die Familien begleitende Person (Psychologin oder Psychologe, (Familien-)Hebamme, Sozialarbeiter oder Sozialarbeiterin) sucht die passenden Unterstützungsangebote für die individuelle Familiensituation und übernimmt eine Lotsenfunktion im Gesundheitssystem.

Wende dich an die Frühen Hilfen in deiner Region, wenn ...

- starke Zukunftsängste oder Überforderung dich quälen.
- du sozialen Belastungen wie einer finanziellen Notlage, sozialer Isolation, gesundheitsschädlichem Wohnraum, Arbeitslosigkeit oder Ähnlichem ausgesetzt bist.
- psychische Belastungen auftreten.
- dein Kind erhöhte Betreuungsanforderungen wie Frühgeburtlichkeit, Mehrlingsgeburt, Regulationsschwierigkeiten, Entwicklungsverzögerungen und Behinderung mit sich bringt.
- eure Familiensituation problematisch ist, beispielsweise aufgrund von Paarkonflikten, Trennung, Sorgerechtsstreitigkeiten, Schwierigkeiten mit größeren Geschwisterkindern oder pflegebedürftigen Verwandten.
- es Komplikationen im Verlauf der Schwangerschaft oder Geburt gab.
- es Schwierigkeiten im Aufbau einer Eltern-Kind-Bindung gibt.

Psychische Gesundheit

„Ich saß auf dem Sofa, stundenlang, und schaute mir den Baum vor unserem Fenster an. Meine Tochter lag in meinen Armen. Ich saß und schaute. Und irgendwann dachte ich: Dieses Leben will ich so nicht haben und ich kann das auch meinem Kind nicht antun. Ich weinte und weinte. Das war der Moment, in dem mein Mann eingeschritten ist und mir den Termin in der Klinik besorgt hat. Allein hätte ich es nicht geschafft. Und wenn er nicht gewesen wäre, wäre ich auch nicht hingefahren."

Barbara, Mutter einer Tochter (2)

Dass die ersten Jahre als Familie mit vielen Veränderungen einhergehen und besonders herausfordernd sind, weißt du schon, denn du hast dir dieses Buch gekauft. Und dass sich daraus nicht selten psychische Probleme und Schwierigkeiten ergeben, haben wir bereits aufgezeigt. Womöglich haben dir auch die „2 Fragen – 1 Antwort" -Abschnitte im vorhergegangenen Kapitel deutlich gemacht, dass du für diese schwierige Zeit Hilfe benötigst. Und zwar mehr oder andere Hilfe, als dein soziales Netz abdecken kann. Eine **Fachärztin oder ein Facharzt für Psychiatrie** kann dich, wenn nötig, mit einer medikamentösen Behandlung unterstützen. Für unter anderem anhaltende Schlafstörungen, schwere Depression oder sehr belastenden Ängste können Psychopharmaka sehr hilfreich sein. Es gibt auch stillverträgliche Präparate. Oftmals kann die medikamentöse Behandlung das Zünglein an der Waage sein, welches dir genügend Kraft für die weiteren Schritte gibt. Für die Behandlung von schweren Depressionen empfiehlt die Deutsche Gesellschaft für Psychiatrie und Psychotherapie, Psychosomatik und Nervenheilkunde in ihren Leitlinien eine Kombinationsbehandlung aus Psychotherapie und Psychopharmakotherapie. Für leichte bis mittelgradige Depressionen empfehlen diese Versorgungsleitlinien eine Psychotherapie. Diese kann, wenn gewünscht, durch die Einnahme von Antidepressiva oder auch Johanniskraut unterstützt werden.

KEINE PSYCHOTHERAPEUTISCHE PRAXIS WEIT UND BREIT?

Leider ist die psychotherapeutische Versorgung nach wie vor kein flächendeckendes Angebot und besonders die ländlicheren Regionen sehen sich hier mit einer Unterversorgung konfrontiert. Ist dies in deiner Umgebung der Fall, kann es erforderlich sein, dass du dir unterstützende Alternativen suchst. Hör auf dein Gefühl, was zu dir passt. Ob psychologische Beratung, Akupunktur, TCM oder Lebensberatung, du entscheidest, was dir guttut. Bitte beachte jedoch, dass sich solche Alternativen nur für leichte psychische Erkrankungen eignen. Schwere Fälle sollten psychotherapeutisch behandelt werden. Hier erlebt die Online-Therapie bzw. die Video-Telefonie-gestützte Therapie seit der COVID-19-Pandemie eine Trendwende. Es bleibt zu hoffen, dass dieses Angebot weiter ausgebaut und damit Versorgungslücken, zumindest übergangsweise, gefüllt werden können. Frag im Bedarfsfall gezielt nach solchen Möglichkeiten.

Ziel einer **psychotherapeutischen Behandlung** ist das Heilen oder Lindern seelischer Leiden und die Unterstützung in Lebenskrisen. In Deutschland können die Kosten für einige psychotherapeutische Behandlungsrichtungen, wie die Verhaltenstherapie, die Psychoanalyse, eine systematische Therapie und seit Kurzem EMDR (zur Behandlung einer posttraumatischen Belastungsstörung) von der Krankenkasse finanziert werden, wenn eine diagnostizierte psychische Erkrankung vorliegt. Bei den ersten fünf Stunden handelt es sich um Probestunden, während derer man herausfinden kann, ob Therapierichtung und Therapeut oder Therapeutin zu einem passen. Psychotherapie kann ambulant stattfinden, dann geht man regelmäßig zu einem Behandlungstermin, zum Beispiel einmal pro Woche. In akuten Krisen ist auch eine **stationäre oder teilstationäre Behandlung** (ohne Übernachtung), meist über mehrere Wochen, möglich. Für Mütter mit Babys gibt es (wenn auch leider zu wenige) Einrichtungen, die Mutter und Kind aufnehmen, wenn der Zustand der Mutter es zulässt. Vor Ort gibt es Einzel- und Gruppentherapien, oft auch Kunst- oder Ergotherapie und pädagogisches Personal, das sich während der Behandlungen um die Kinder kümmert.

Bei psychischer oder gesundheitlicher Langzeitbelastung gibt es noch die Option einer **Mutter-Kind-Kur**, **einer Mutter-Kur** oder eines **Reha-Aufenthaltes**. Besprich diese Möglichkeit mit deinen behandelnden Ärzten und Ärztinnen oder anderen professionellen Beratungsstellen, damit sie dir helfen können, das Passende zu finden.

Im Notfall

Wenn du noch am selben Tag psychiatrische Hilfe brauchst, stehen dir folgende Möglichkeiten zur Verfügung:

ANLAUFSTELLEN FÜR DEN NOTFALL

- Psychiatrische Notaufnahmen: In jeder Klinik mit psychiatrischer Ambulanz verfügbar (D/A/CH)
- Ärztliches Bereitschaftstelefon:
  - 116117 (D)
  - 141 (A)
- Elternnotrufe/Elterntelefon:
  - D: 0800 1110550 (Mo/Mi/Fr 9–17 Uhr und Di/Do 9–19 Uhr)
  - CH: 0848 354555
- Telefonseelsorge:
  - 0800 1110222 (D; täglich rund um die Uhr, kostenlos);
  - 142 (A; täglich rund um die Uhr, kostenlos)
  - 143 (CH; täglich, rund um die Uhr, kostenlos)
- Euronotruf: 112 (D/A/CH)

Entwicklung und Erziehung

Elternsein ist wie das Falten eines Spannbettlakens. Niemand weiß, wie es richtig geht.

Unbekannt/Social Media

Von der Vorstellung, es gäbe DIE eine richtige Erziehungsmethode, darfst du dich getrost verabschieden und den Druck abschütteln, der dadurch entstanden ist. Du bist einzigartig, deine Kinder und dein Partner sind einzigartig und zusammen seid ihr ein unvergleichbares Familiensystem. Kommt es in diesem System zu Schwierigkeiten, bezogen auf den Umgang untereinander, die Erziehung oder eben das Begleiten der Kinder, kann eine **Erziehungsberatung** sinnvoll sein. Dort erhaltet ihr Informationen rund um den Entwicklungsstand eures Kinde sowie alters- und entwicklungsgerechte Strategien zum Umgang mit Problemsituationen. **Familienberatungsstellen, Elterncoachs und pädagogische Beraterinnen und Berater** bieten eine solche Beratung ebenfalls an. Zusätzlich bieten viele Einrichtungen, wie Eltern-Kind-Zentren, Kindergärten oder Schulen, Elternbildungsvorträge an, mit denen man seine elterliche Kompetenz stärken kann. Ein Beratungsansatz für Unsicherheiten im Umgang mit einem untröstlich weinenden Baby, Hemmungen in der Bindungsentstehung aufgrund traumatischer Geburtserfahrungen oder Wochenbettdepression sowie Unsicherheiten in Bezug auf die Entwicklung deines Kindes ist die **Emotionelle Erste Hilfe (EEH).** Neben Gesprächen helfen bei diesem Ansatz bindungs- und sicherheitsfördernde Berührungen und Wahrnehmungsübungen, Nähe, Bindung und Beziehung spürbar zu stärken. Bei ernst zu nehmenden Sorgen rund um die kindliche Entwicklung kann nach Rücksprache mit der Kinderarztpraxis eine **entwicklungsdiagnostische Abklärung** bei einem klinischen Psychologen oder einer klinischen Psychologin oder in einer entsprechenden Ambulanz sinnvoll sein.

Erweitertes soziales Netz

„Ein Kind in der Schule, eines im Kindergarten und beide bringen eine Liste mit, was ich alles für den Start besorgen soll. Keine Ahnung, wo das Geld dafür wieder herkommen soll."

Lisa, Mutter zweier Kinder (5 und 8)

Unter dem erweiterten sozialen Netz verstehen wir alle Angebote des Sozialsystems, die eure Familien entlasten können. Also Haushaltshilfe, Sozialberatung, finanzielle und Schuldnerberatung, Wohn- und Bildungsberatung und ehrenamtliche Unterstützung. Außerdem spezialisierte Beratungsstellen und **Plattformen für Alleinerziehende**, die beraten oder bei der Vernetzung unterstützen. **Haushaltshilfe** wird auf Antrag von der Krankenkasse übernommen, wenn du als haushaltsführende Person ausfällst und Kinder im gemeinsamen Haushalt leben, in manchen Fällen auch in der Schwangerschaft ohne ein weiteres Kind. **Sozialberatungsstellen** sind Stellen, die über einen sehr umfangreichen Überblick verfügen, was wann wie wo beantragt werden kann, muss und darf. Wächst dir also das Antragschaos über den Kopf, ist eine Sozialberatung (z. B. von der Caritas) eine sehr gute Anlaufstelle, um Anträge durchzugehen oder die Möglichkeiten weiterer Unterstützungsmöglichkeiten zu besprechen. Besonders bei **finanziellen Sorgen** ist das sehr ratsam. Auch für Schwierigkeiten rund um die Themen Wohnen oder Bildung (auch Umschulung oder Wiedereinstieg) gibt es regionale Beratungsstellen.

Die **Freiwilligenzentren** der Caritas organisieren Unterstützung durch Ehrenamtliche, im Sinne von Alltagsentlastung und Kinderbetreuung. Die Plattform wellcome-online.de bietet aktuell an circa 230 Standorten in Deutschland praktische Hilfen für Eltern im ersten Jahr nach der Geburt eines Kindes in Form von ehrenamtlichem Engagement an.

Ein Sonderfall in deinem erweiterten Netz ist die **Notfallmama**: Kranke Kinder bringen Pläne durcheinander. Dürfen sie auch, sie sind Kinder. Und krank! Trotzdem kann man nicht immer alles so koordinieren, dass sich die Pflege des kranken Kindes, der Job und sonstige wichtige Termine ausgehen. Hier kann in manchen Regionen auf eine Notfallmama zurückgriffen werden. Mancherorts springen sie auch ein, wenn Mama krank oder erschöpft/ausgebrannt ist und dringend eine Pause braucht, oder eben auch in einem absoluten Notfall, wie wir bereits im Notfallplan im Alleinerziehenden-Kapitel (→ „Zusammen ist man weniger allein(erziehend)“) besprochen haben. Mach dich da auf jeden Fall mal schlau!

Partnerschaft

„Ich habe es geliebt, dass mein Mann ein verträumter Quatschkopf ist. Immer ein bisschen chaotisch und tollpatschig, dabei aber sehr liebenswert. Das wurde jedoch schwer, als wir die Zwillinge bekamen und wir plötzlich eigentlich als Team funktionieren sollten. Ich musste mich auf ihn verlassen und merkte, dass das gar nicht so leicht war. Das traf unsere Beziehung sehr hart.“

Miriam, Mutter von Zwillingen (6 Monate)

Besonders nach der Geburt des ersten Kindes steigt das Potenzial für zahlreiche partnerschaftliche Konflikte. „Eins plus eins macht drei“ (oder sogar vier) ist oft eine Rechnung, die nicht einfach so aufgeht. Es braucht Zeit, Geduld und einiges an Anpassungsleistungen, damit Paare, die Eltern werden, auch Paar bleiben. Und mit Anpassungsleistung meinen wir: viele Gespräche, aber auch Streit und Konflikte. Neue Rollen müssen gefunden werden, Zuständigkeiten und Aufgaben neu verhandelt und verteilt werden. Auch die Vorstellung zum Umgang mit dem gemeinsamen Kind muss aneinander angepasst oder miteinander abgeglichen werden. Dabei bleibt zwischenzeitlich die Intimität und Leichtigkeit der Paarbeziehung auf der Strecke, denn dafür bleibt einfach keine Zeit und die Beziehung rückt in den Hintergrund. Soweit relativ normal. Gepaart mit kräftezehrenden Belastungen der Elternschaft, wie zum Beispiel Schlafmangel oder Ängsten, werden die Meinungsverschiedenheiten aber häufig sehr emotional und zerstörerisch. Sollte das der Fall sein und du das Gefühl haben, eure Familie leidet darunter und euer Streitverhalten schlägt eine sehr ungesunde und verletzende Richtung ein, ist es sinnvoll, dir professionelle Unterstützung zu suchen. Je früher, umso leichter sind die Weichen für die Beziehung neu zu stellen. Professionelle Unterstützung kann eine **Familien- und Paarberatung** sein oder eine **Paartherapie**. In der Beratung lernt ihr, neue Wege für die Kommunikation zu finden und die Konflikte aufzulösen, bei denen ihr wiederholt „ansteht“, also nicht weiterkommt.

Dein familiäres Netz

„Ich habe meinem Mann den Flyer vom Verein für Angehörige psychisch erkrankter Menschen hingelegt und ihn gebeten, ihn sich mal anzuschauen. Ich wollte keinen Druck machen, war aber ungeheuer erleichtert, als er mir erzählte, er würde es mal mit der Gesprächsgruppe dort versuchen. Und für ihn war es, so stellte sich heraus, eine Erleichterung, unter Menschen zu sein, die seine Situation nachvollziehen konnten.“

Linda, Mutter einer Tochter (1)

Geht es der Mutter nicht gut, spürt das meist die ganze Familie. Veränderungen einer geliebten Person führen oft zu Verunsicherung und widersprüchlichen Gefühlen. Es kann daher sein, dass auch deine Angehörigen (dein Mann, dein(e) Kind(er), deine Eltern usw.) Beratung und Unterstützung brauchen. In vielen Regionen gibt es Einrichtungen oder Vereine, die sich genau dieser Aufgabe angenommen haben: die **Beratung von Angehörigen psychisch erkrankter Menschen**. Diese Information kannst du vielleicht deinem Partner zukommen lassen, indem du ihn wissen lässt: *„Ich weiß, dass dich/euch mein Zustand belastet und möchte, dass auch du/ihr Hilfe bekommt. Vielleicht möchtest du dich an eine Beratungsstelle wenden?“* Es kann für Angehörige unglaublich erleichternd sein, mehr über die Krankheit zu erfahren und Strategien zu entwickeln, wie sie auf sich selbst achten können, während sie helfen. Auch für Kinder gibt es eine Reihe an Angeboten, meist **Gruppenangebote**, in denen belastende Lebenssituationen, wie Tod, Trennung/Scheidung und eben auch psychische Erkrankung eines Elternteils, besprochen werden können. Der Austausch mit anderen Kindern hilft ihnen, Scham und Schuld abzulegen und zu verstehen, dass nicht sie diese Veränderungen verursachen.

MIT KINDERN ÜBER PSYCHISCHE BELASTUNGEN UND DEPRESSION SPRECHEN

Instinktiv möchten Eltern ihre Kinder vor allem Negativen schützen und verstecken daher auch ihre psychischen Belastungen, Ängste, Sorgen und depressiven Gefühle vor ihnen. Das Thema, das eigentlich immer mitschwingt, wird nicht besprochen und bekommt keinen Namen. Das ist für Kinder sehr schwierig und diffus, da sie feine Antennen für Veränderungen ihrer nahen Bezugspersonen haben. Sie spüren, wenn Mama nur anwesend, aber nicht aufmerksam ist, oder wenn Papa immer unerreichbarer wird. Bekommen sie keine altersgerechte Erklärung für diese Veränderungen, suchen sie sich selbst welche und gehen davon aus, dass sie diese Veränderungen mit ihrem Verhalten oder ihrer Person verursachen. Schuldgefühle und Verhaltensänderungen können die Folge sein. Deshalb ist es wichtig, offen mit Kindern über psychische Erkrankungen zu sprechen. Man darf es erklären, wie jede andere, körperlich verursachte Krankheit auch. Für kleinere Kinder empfiehlt sich eine bildhafte Sprache, beispielsweise *„Mama ist heute müde und traurig. Wegen meiner Depression hab ich heute wieder den schweren unsichtbaren Rucksack auf und brauche viel Ruhe.“*

Älteren Kindern kann die Krankheit auch mit den Krankheitsbegriffen und den Symptomen erklärt werden. Dein behandelnder Psychotherapeut/deine behandelnde Psychotherapeutin hilft dir bestimmt, die passenden Worte zu finden. Altersgerechte Bücher zu diesem Thema können ebenfalls zu einem besseren Verständnis beitragen.

„Die große Tochter (7 Jahre alt) hat mir einen schwarzen Hund gemalt. Wenn die Depressionen kicken, wird der an den Kühlschrank gehängt, damit sie weiß, dass Papa wieder „sehr traurig" ist. Und sie weiß, dass es nicht ihre Schuld ist, sondern die vom schwarzen Hund. Das hilft uns beiden.

@BanuReborn auf Twitter

ES GEHT MIR WIEDER BESSER

Wie schlecht es dir auch ging – irgendwann ist es wieder besser. Du hast dir ein Dorf gebaut, das dich und dein(e) Kind(er) unterstützt, hast Menschen um dich, die du im Notfall oder im Alltag kontaktieren kannst, deinen Werkzeugkoffer immer bei dir und jeden Tag genießt du das Muttersein etwas mehr. Je schneller du die Reißleine gezogen hast, desto schneller wirst du wahrscheinlich an diesem Punkt ankommen. Aber auch wenn es dich heftig erwischt hat: Die Chancen, sich zum Beispiel von einer Wochenbettdepression wieder vollständig zu erholen, sind hervorragend. Gerade dann, wenn du dir (professionelle) Hilfe gesucht hast.

Trotzdem hinterlässt eine solche Lebensphase Spuren und du wirst mit „Nachwehen“ zu kämpfen haben. Wie gut, dass du dein Dorf hast! Sei geduldig mit dir selbst, ruf dir immer wieder in Erinnerung, wie stark du diese schwere Zeit gemeistert hast, und nimm weiterhin Hilfe in Anspruch.

Für die Zeit, die nun vor dir und deiner Familie liegt, geben wir dir einige Tipps mit auf den Weg. Und trauen uns, gemeinsam mit dir in die Zukunft zu schauen. Denn das hast du dir verdient!

Kein Tief ohne Hoch

„Es ist nur eine Phase" – der Spruch fällt sehr häufig, wenn es um kleine Kinder geht, einfach deshalb, weil er wirklich oft zutrifft. Beim ersten Kind steht man immer wieder staunend daneben und kann nicht glauben, wie schnell sich Kinder weiterentwickeln. „Schlechte" Schläfer schlafen plötzlich durch, auf einmal klappt es mit der Beikost, plötzlich sind sie alt genug, um auch ohne Mama eine gute Zeit haben zu können und so weiter. Auch wenn es wie ein Klischee klingt, sprich mit Müttern erwachsener Kinder und sie werden fast immer sagen: „Sie werden so schnell groß." Natürlich verklären wir die Vergangenheit immer auch etwas und vergessen, wie erdrückend es sich angefühlt hat, mitten in einer schlechten Zeit zu stecken. Aber es ist eine Tatsache, dass die Familienphase nur ein Teil deines Lebens ist, eine „transitorische" Phase, wie die Soziologie sagt. Das heißt, dass du, wenn du dein ganzes Leben betrachtest, nur etwa ein Viertel der Zeit Mutter (kleiner) Kinder bist. Das kann eine erleichternde Sichtweise sein, dich vielleicht aber auch ein wenig wehmütig machen. Beide Gefühle sind erlaubt und legitim.

Was wir damit sagen wollen: Genieße diese Zeit, wenn es dir möglich ist, und hab auch im Blick, dass du nicht „nur" Mutter bist und vor allem auch nicht immer „nur" sein wirst. Wenn du das liest, es dir aber immer noch nicht so gut geht, wie du dir wünschst: Auch deine Überforderung wird dich nicht dein ganzes Leben lang begleiten. Du bist auf dem besten Weg, holst dir Hilfe und versuchst, aus deinem Tief herauszukommen. Das Leben ist im Fluss, es hat Höhen und Tiefen und es kommen bessere Zeiten.

Pflege deinen Werkzeugkoffer und dein Dorf

Im zweiten Kapitel haben wir dir eine Menge Werkzeuge an die Hand gegeben, mit denen du dafür sorgen kannst, dass deine Psyche stabil bleibt und mit denen du neue Kräfte aufbauen kannst. Du bist besser denn je gegen Tiefschläge gewappnet, hast dein Schutzschild dabei, dein „inneres Kind" beruhigt und Schuldgefühle und Wut besser im Griff. Kümmere dich um dein Werkzeug. Nimm es regelmäßig in die Hand, pflege es gut, kratze den Rost ab, sollte er sich doch einmal darauf angesammelt haben, und habe es vor allem immer griffbereit. Viele der vorgestellten Übungen helfen dann besonders gut, wenn sie zur Routine werden. Auch in Phasen, in denen du dich glücklich, stark und unverwundbar fühlst, kannst du etwas für deinen entspannten Geist tun, deinen Körper gut behandeln und auf deine Bedürfnisse achten – in härteren Zeiten wirst du von der Energie zehren, die du dir in guten aufgebaut hast.

Das Gleiche gilt für dein Dorf. Schau, dass seine „Häuser" gut in Schuss sind, alle sich zugehörig fühlen und nimm neue Mitglieder mit offenen Armen auf. Halte Kontakt zu deinem Netzwerk und deinen Helfern und Helferinnen, nimm Hilfe auch dann immer wieder in Anspruch, wenn du glaubst, es ginge eigentlich auch ohne. Das ist die beste Vorsorge, um nicht wieder im Stress unterzugehen.

Hilf auch anderen

Vielleicht ist jetzt auch die Zeit gekommen, in der du nicht nur „Danke" sagen, sondern auch etwas zurückgeben kannst. Das ist kein Muss – aber es fühlt sich gut an, wenn du Zeit und Kapazitäten dafür frei hast, dich zu revanchieren. Das fängt schon im Kleinen an, wenn du beispielsweise der neuen Mutter in deinem Umfeld verrätst, dass du auch eine schlechte Zeit hattest und dass das ganz normal ist, so wie wir es dir im ersten Kapitel erzählt haben. Wenn du selbstverständlich (vor)lebst, dass Erwartungen auch ignoriert werden dürfen, und du Mutterschaft für dich – und für andere – ab jetzt neu definierst: ohne Leistungsdruck und ohne die irrige Annahme, man müsse das „alleine schaffen."

„Der jungen Nachbarin, die entschuldigend erklärt, dass sie wegen des Babys die Gartenpflege vernachlässigt, sagen, dass das völlig normal ist und dass der Garten so ein bisschen wild doch noch viel schöner aussieht. Zack – zwei lächelnde Frauen am Gartenzaun.

@mingoberlin auf Twitter

Du wirst sehen, je mehr du dich öffnest, desto mehr trauen sich auch andere Mütter (und Väter), Elternschaft in einem realistischen Licht darzustellen und die anstrengenden und schwierigen Seiten nicht mehr zu verschweigen. Davon profitieren alle, die sich in einer ähnlichen Situation befinden und merken: „Ich bin damit gar nicht allein". Hilfe zu brauchen, sich überfordert zu fühlen, darf kein Tabu sein. Biete deine Hilfe an, wenn du schon kannst, und sei für andere auch Teil ihres Dorfes.

„Als es mir Stück für Stück besser ging, kam mir immer wieder der Gedanke in den Kopf, dass alles viel besser hätte laufen können, wenn ich von Anfang an gewusst hätte, dass es Wochenbettdepressionen gibt, wie man sie erkennt und vor allem, dass man da auch wieder rauskommt. Wenn ich gewusst hätte, welche Hilfsangebote ich in Anspruch nehmen kann. Mir wurde immer klarer, dass ich konkret etwas dafür tun möchte, dass andere Frauen besser vorbereitet sind. Deshalb habe ich jetzt eine Fortbildung in „Emotionelle Erste Hilfe" begonnen. Ich möchte mich nicht nur privat dafür einsetzen, sondern orientiere mich jetzt auch beruflich dahin gehend, Müttern in Notsituationen zu helfen. Insofern hat am Ende alles sein Gutes."

Barbara, Mutter einer Tochter (2)

FAMILIENPLANUNG

Die Frage, ob die eigene Familie noch wachsen soll, ist häufig nicht ganz einfach zu beantworten. Erst recht nicht, wenn dich deine Mutterschaft in eine kleine oder auch große Krise geführt hat. Bist du bereit, noch ein Kind zu bekommen? Willst du das? Wie wird es dir gehen, wenn der Stress dadurch wahrscheinlich zumindest phasenweise wieder zunimmt? Ist das eine gute Idee? Wie sieht dein Partner das?

Auch wenn du im Moment noch keinen Gedanken daran verschwendest, kann es sein, dass trotzdem ein weiterer Kinderwunsch aufkommt – vielleicht schneller, als du denkst.

Wir können dir diese Entscheidung nicht abnehmen. Sie ist eine private, persönliche und sehr individuelle und du wirst sie nicht allein, sondern gemeinsam mit deinem Partner treffen. Aber wir können dir ein paar Gedanken mit auf den Weg geben:

- Nimm dir (zusammen mit deinem Partner) die Zeit, die du/ihr braucht, um zu einem Ergebnis zu kommen. So eine Entscheidung muss nicht übers Knie gebrochen werden. Taste dich ruhig vorsichtig an den Wunsch heran, spiel damit und horche in dich hinein, wie sich das anfühlt.
- Sei dir bewusst, dass sein Glück und das deiner Familie nicht von der Kinderzahl abhängt, und dass eine Großfamilie genauso toll und bereichernd, aber auch chaotisch und herausfordernd sein kann wie eine Ein-Kind-Familie. Geht euren Weg!
- Scheue dich nicht, auch in dieser Frage Hilfe anzunehmen. Sprich mit deinen Ärzten und Ärztinnen, wie sie die Lage einschätzen (vielleicht gibt es auch körperliche Hindernisse). Aber trau dich auch, für genau diese Frage Beratung in Anspruch zu nehmen.
- Wenn du eine weitere Schwangerschaft wagst, seid vorbereitet, dass gerade der hormonelle Umschwung währenddessen und nach der Geburt die Psyche stark belasten kann. Hole dir schon in der Schwangerschaft Unterstützung, aktiviere dein Dorf und bereite einen möglichst sanften Start für alle Familienmitglieder vor. Informiere Hebamme, Ärzte und Ärztinnen usw. darüber, dass es dir schon einmal nicht so gut ging, damit sie gut auf dich achten können.

Genieße die neugewonnene Lebensfreude

In erster Linie darfst und sollst du dich jetzt freuen und die schönen Momente auskosten, die immer häufiger auftauchen und im Idealfall überwiegen. Und zwar gemeinsam mit allen, die dich bis hierhin auf deinem Weg als Mutter begleitet haben. Aber vor allem: mit deinen Kindern! Holt nach, was euch vielleicht bisher nicht möglich war und kuschelt und knuddelt, was das Zeug hält. Körperkontakt ist Balsam für die Seele und heilt Narben, die du eventuell zurückbehalten hast. Wenn ihr gemeinsam in eurem neuen Leben ankommt, wirst du erkennen, was du bis hierhin alles geleistet hast.

Wir haben immer wieder darauf verwiesen, wie viel Mut und Kraft es erfordert, sich Hilfe zu holen, diese einzufordern und anzunehmen. Das alles hast du geschafft. Du hast gekämpft, für dich und dein Kind, für deine Familie und eure Bindung. Klopf dir dafür immer wieder auf die Schulter. Du hast eine der größten Herausforderungen deines Lebens gemeistert und viele werden sich mit dir freuen. Lass das zu.

Blicke nach vorne

Je mehr die Last von dir abfällt, desto mehr hast du auch wieder Luft und Muße für deine Mitmenschen. Um Zeit mit deinem Partner zu verbringen, mit deinen Freunden und Freundinnen, mit anderen Eltern und deren Kindern. Und zu erleben, wie leicht sich deine neue Rolle anfühlen kann. Vielleicht findest du jetzt die Kraft, an einem Baby-Kurs teilzunehmen, mit deinen Kindern Spieltreffs wahrzunehmen oder Ausflüge zu unternehmen. Genauso okay ist es aber auch, wenn du dich erst mal wieder zu Hause wohlfühlst. Gemeinsam mit deiner Familie im Alltag ankommst und durchatmest. Nimm dir für den Anfang nicht zu viel vor.

Hab Geduld. Nicht jeder Tag wird rosarot sein, du wirst immer wieder an deine Grenzen kommen – das gehört zum Muttersein dazu. Alle Eltern haben mit ihrem Nachwuchs zu kämpfen, wenig Zeit für sich selbst und reagieren nicht immer so auf ihre Kinder, wie sie das gerne möchten. Niemand ist perfekt und niemand muss es sein. Für diese Momente hast du deinen Werkzeugkoffer parat und ein Netz um dich gesponnen, das dich auffängt. Besprich auch weiterhin deine Ängste und Sorgen mit anderen, Verwandten, Freundinnen und Freunden oder auch in der Therapie.

Versuche, eine Balance zu finden, zwischen Rückschau und Nach-Vorne-Blicken. Verdränge die Vergangenheit nicht. Wie schwer die Zeit auch war, du hast unglaublich viel über dich, deine Wünsche, Bedürfnisse und Grenzen gelernt. Ruf dir das immer wieder ins Gedächtnis. Du darfst trauern, um verpasste Gelegenheiten, vermeintlich „verlorene Zeit“. Auch wenn du weißt, dass der Weg dich zu diesem Punkt geführt hat, sind negative Emotionen erlaubt. Spür dem nach, wenn du dich stark genug fühlst. So kannst du verarbeiten, was hinter dir liegt. Aber bleib nicht dort stecken, verheddere dich nicht in „Was-wäre-gewesen-wenn“-Gedanken. Blicke voller Vertrauen in die Zukunft. Genieße das Jetzt. Wenn dir das schwerfällt, aktiviere dein Netzwerk, um dir dabei zu helfen.

„Ich habe die Zeit in der Mutter-Kind-Klinik eine ganze Weile aus meinem Kopf gelöscht. Meine damaligen Gefühle, mein Abgestumpftsein, die vielen Tränen. Die Umgebung – trotz allem war es eben ein Krankenhaus. Die Bilder meines Kleinen, wie er dort mit den anderen Kindern auf der Krabbeldecke lag, umringt von müden, traurigen und oft verzweifelten Müttern. Mittlerweile kann ich mit einer gewissen Ruhe und Mitgefühl für mich und die anderen Frauen auf diese Zeit schauen. Kann das Positive darin erkennen: dass wir Hilfe hatten, Austausch, Anleitung und einen Ort, an dem wir sein konnten, und nicht funktionieren mussten. Ich ärgere mich jetzt sogar, dass ich keine Fotos aus dieser Zeit habe. Die sechs Wochen kommen im Babyalbum gar nicht vor. Wie schade, wo ich doch so viele liebe Menschen um mich herum hatte, viele starke Mütter kennengelernt habe und mit meinem Sohn gewachsen bin. Ich kann die Vergangenheit annehmen."

Stefanie, Mutter zweier Kinder (1 und 6)

DANKSAGUNG

Wir danken von Herzen allen Müttern, die ihre Erfahrungen mit uns geteilt und dadurch diesem Buch Leben eingehaucht haben. Außerdem den Expertinnen und Experten, Bèa Beste, Christopher End, Jara Arfi, Sascha Schmidt und Stefanie von Brück, für ihre wertvollen Tipps an unsere Leserinnen und Leser. Nora Imlau danken wir dafür, dass wir ihr Gedicht in diesem Buch abdrucken durften, das auf Instagram so viele bewegt hat.

Ein besonderer Dank geht auch an unser Trüffelschwein Inke Hummel, die zusammengebracht hat, was zusammen gehört, und uns vom ersten Moment an unterstützt hat. Sowie an Mark Wachsmann, der an uns geglaubt hat, uns auf diesem Weg mit Sachverstand, Humor und Geduld begleitet und das Beste aus uns herausgeholt hat.

Und dann hatte jede von uns beiden auch noch viele weitere Menschen hinter sich, ohne deren Hilfe auch wir den Spagat zwischen Familienalltag, Job und Buchschreiben nicht geschafft hätten:

Katharina: Danke Martin, dass du immer für mich da bist, in guten wie in schlechten Zeiten. Dafür, dass wir ein Team sind, dass du an mich glaubst und mir hilfst, meine Träume zu verwirklichen. Danke Kristine Benthaus, dafür, dass du meine beste Freundin bist, für unseren ehrlichen Umgang und deine Geduld mit meinen chaotischen Sprachnachrichten. Danke an meinen „Lauftreff“, in dem wir Mamas alles sagen dürfen, was uns auf dem Herzen liegt, ohne verurteilt zu werden, und für euren Support seit über fünf Jahren. Danke an Roland, ohne deine spontanen Einsätze wäre dieses Buch nie fertig geworden. Danke Barbara Spachmüller, für deinen wertvollen Input. Danke an Carrie Hills, Clemens Herrmann, Lisbeth Körbelin, Melanie Berg, Steffi Nonnenmacher und natürlich die Nüßleins.

Michèle: Danke Matthias, dass du mir durch jeden Zweifel hindurch hilfst, mein Fels in der Brandung bist und mir so viel Sicherheit vermittelst, dass ich mich einfach getraut habe, zu springen und diesen Traum in Angriff zu nehmen. Ich danke allen, die mir in dieser Zeit den Rücken freigehalten und mich tatkräftig unterstützt haben, alles unter einen Hut zu bringen. In besonderem Maße gebührt hierfür mein Dank: meiner Schwester Dominique, meiner Schwiegermutter Evelyn und unseren sehr guten Freunden Matthias und Gabrielle. Meinen Arbeitskolleginnen und Familien aus der Begleitung danke ich für ihr Vertrauen und ihren Input, der dieses Buch sehr bereichert hat. Außerdem danke ich Mirka, Edith und Sandra. Ihr wisst, wofür!

MITWIRKENDE

Béa Beste ist erfolgreiche Schulgründerin, Edupreneur, Autorin („Erziehen ist ein Kinderspiel“ im TRIAS Verlag & „Gemeinsam schlau“ im Duden Verlag), Mutter und ewiges Kind. Ihr kreativer Blog Tollabea gehört zu den größten Familienblogs Deutschlands. Ihr persönliches Geheimnis sind Gelassenheit, Humor, Improvisation und ein gutes Elternnetz. Ihre Leser und Leserinnen profitieren nicht nur von ihrem Wissen rund um Schule und Pädagogik, sondern auch von ihrer vielseitigen Lebenserfahrung.
https://www.tollabea.de/

Christopher End arbeitet als Therapeut, Eltern-Coach und Autor und begleitet Eltern in Einzelsitzungen und Kursen auf ihrem Weg. Vor allem die großen Gefühle liegen ihm am Herzen. Christopher ist selbst Vater von zwei Kindern und lebt mit seiner Familie in Köln. In seinem Podcast „Eltern-Gedöns“ bringt er jede Woche entweder Tipps oder Interviews zum achtsamen Leben mit Kindern. Zusammen mit Anando Würzburger hat er das Buch „Der kleine Samurai findet seine Mitte“ geschrieben – eine Einladung und Anleitung zum gemeinsamen Meditieren mit Kindern (ab 6 Jahre).
https://christopher-end.de/

Inke Hummel ist Pädagogin, Familienbegleiterin, Erziehungsberaterin und pädagogischer Coach. In dieser Funktion bietet sie Eltern ihre Beratung an, um sie dabei zu unterstützen, gelassener und beziehungsstärker mit ihren Kindern zu leben. Als Bloggerin, Ratgeber- und Kinderbuchautorin schreibt sie über diese Themen, gibt Eltern Impulse und neue Blickwinkel und trägt dazu bei, das Attachment- und Gentle-Parenting-Konzept bekannt zu machen. Das und der Schutz unserer Klein(st)en sind ihre Herzensanliegen.
https://inkehummel.de/

Jara Arfi lebt mit ihrem kleinen Sohn in Hamburg und bloggt seit Längerem auf ihrem privaten Instagram-Profil über das Leben als Alleinerziehende. Auf ihrem YouTube-Kanal „Jaronella" finden vor allem Alleinerziehende, für die die Situation neu ist, eine Menge Inspiration und Erleichterung. Seit 2021 betreut sie für den rbb als Host auch den Instagram-Kanal „onemomshow_offiziell", der Alleinerziehende in geschützten Rahmen zusammenbringen will und auf dem sie zahlreiche Tipps für alleinerziehende Mütter gibt.
@onemomshow_offiziell

Sascha Schmidt ist Paarberater und familylab-Seminarleiter aus Kiel. Er hilft vor allem Eltern, sich zwischen Arbeit und Kindern nicht als Paar zu verlieren und/oder sich wiederzufinden, begleitet aber auch Trennungen. Sein Thema ist die Vereinbarkeit von Beruf, Familie und Paarsein. In zahlreichen Büchern, unter anderem „Wieder Paar sein" und „Glücksfall Großeltern" gibt er auch außerhalb der Beratungen und Workshops sein Wissen und seine Erfahrungen weiter. Immer nach dem Motto: „Krisen sind keine Krankheit."
http://www.wieder-paar-sein.de/

Stefanie von Brück ist Expertin für Kita-Eingewöhnung, Impulsgeberin für beziehungsstarke Familien und Referentin für Kita-Fortbildungen. Sie ist davon überzeugt, dass wir als Erwachsene mit Kindern beziehungsstark zusammen sein können und dass es möglich ist, die Bedürfnisse von Menschen sowohl in der Familie als auch in pädagogischen Betreuungseinrichtungen in Balance zu halten. Dafür begleitet sie Eltern bei der sanften und erfolgreichen Eingewöhnung ihrer Kinder in die Kita und unterstützt pädagogische Fachkräfte durch Fortbildungen, Kinder beziehungsstark zu begleiten.
https://stefanievonbrueck.de/

WEITERFÜHRENDE INFORMATIONEN

Bücher zum Weiterlesen

Cammarata, Patricia: Raus aus der Mental Load Falle. Beltz 2020.

Gaigg, D., Syllaba, L.: Selfcare für Mamas. Geht's dir gut, geht's deinem Kind gut. Das etwas andere Erziehungsbuch. Beltz 2021.

Kaiser, Mareice: Das Unwohlsein der modernen Mutter. Rowohlt 2021.

Mierau, Susanne: Mutter. Sein. Von der Last eines Ideals und dem Glück des eigenen Wegs. Beltz 2019.

MutterKutter: Der Survival Guide für Mamas. Die besten Überlebensstrategien für deinen Familienalltag. Entspannt durch die Vor- und Grundschulzeit. humboldt 2020.

MutterKutter: Love yourself, Mama!: Körper, Seele und Liebe in Balance. So schaffst du es, im Alltag an dich selbst und deine Gesundheit zu denken. humboldt 2021.

Rohde, Anke: Postnatale Depressionen und andere psychische Probleme. Ein Ratgeber für betroffene Frauen und Angehörige. Kohlhammer 2014.

Rosenberg, Marshall B.: Gewaltfreie Kommunikation. Eine Sprache des Lebens. Junfermann 2001.

Schmale-Riedel, Almut: Weibliche Wut. Die versteckten Botschaften hinter Ärger und Co. erkennen und nutzen. Kösel 2018.

Schmidt, Sascha: Wieder Paar sein. Erfüllte Zweisamkeit trotz Arbeit und Kind. humboldt 2020.

Schmidt, Sascha: Glücksfall Großeltern. Wie ein harmonisches Miteinander der Generationen gelingt. Herder 2021.

Wimmer-Puchinger, B., Gutierrez-Lobos, K. & Riecher-Rössler, A.: Irrsinnig weiblich – psychische Krisen im Frauenleben. Hilfestellung für die Praxis. Springer 2016.

Zeisler, M., Robles Salgado, I.: fifty fifty Eltern. So gelingt euch die gleichberechtigte Elternschaft. humboldt 2021.

Kinderbücher

Eder, Sigrun: Annikas andere Welt – Hilfe für Kinder psychisch kranker Eltern. edition riedenburg 2013.

Glistrup, Karen, Krüger, Knut: Was ist bloß mit Mama los? Wenn Eltern in seelische Krisen geraten. Mit Kindern über Angst, Depression, Stress und Trauma sprechen. Kösel 2014.

Hilfreiche Internetseiten

Unser eigenes Webangebot
https://www.mamafuersorge.com

Emotionale Hilfe rund um Geburt und Wochenbett
https://www.elternsein.info/
https://www.fruehehilfen.de/
https://www.fruehehilfen.at/
https://www.emotionelle-erste-hilfe.org/
https://www.doulas-in-deutschland.de/
http://doula.at/
https://de.doula.ch/

Bei Fragen und Problemen rund ums Stillen
https://www.lalecheliga.de/
https://www.bdl-stillen.de/
https://www.stillen.at/
https://www.stillen.ch/index.php/de/

Für Alleinerziehende
https://www.vamv.de/vamv-startseite
https://www.alleinerziehende.org

Hilfe bei postpartaler Depression
https://schatten-und-licht.de/
https://www.postpartale-depression.ch

Hilfe bei der Suche nach einem Psychotherapieplatz
https://www.psychotherapiesuche.de/
https://www.psychotherapie.at/
https://psychotherapie.ch/

Bibliografische Information der Deutschen Nationalbibliothek
Die Deutsche Nationalbibliothek verzeichnet diese Publikation in der deutschen Nationalbibliografie; detaillierte bibliografische Daten sind im Internet über https://dnb.de abrufbar.

ISBN 978-3-8426-1666-0 (Print)
ISBN 978-3-8426-1667-7 (PDF)
ISBN 978-3-8426-1668-4 (EPUB)

Abbildungen:
PER MEDIEN & MARKETING GmbH
Stock.adobe.com/treter: S. 25

Originalausgabe

Die Ratgebermarke der Schlütersche Fachmedien GmbH
Hans-Böckler-Allee 7, 30173 Hannover
www.humboldt.de
www.schluetersche.de

Lektorat: Inez Ulrich, Ortenburg
Covergestaltung: ZERO, München
Covermotiv: Shutterstock/graficriver_icons_logo, MaryKa
Satz: PER MEDIEN & MARKETING GmbH, Braunschweig
Druck und Bindung: gutenberg beuys feindruckerei GmbH, Langenhagen